Frau Rohrmoser
herzlich zu eigen!
Wilhelm Nyssen.

Schriftenreihe des Zentrums
patristischer Spiritualität
KOINONIA – ORIENS
im Erzbistum Köln
herausgegeben von Wilhelm Nyssen

XX

KLAUS GAMBER · WILHELM NYSSEN

VERWEILEN IM LICHT

Kult und Bild der Kirche Armeniens

Als Manuskript gedruckt

LUTHE-VERLAG KÖLN

ISBN 3 922727 26 3
Herstellung: Luthe-Druck Köln

DER LEIDGEPRÜFTEN
ARMENISCHEN KIRCHE
EHRFÜRCHTIG GEWIDMET

KLAUS GAMBER
WILHELM NYSSEN

INHALTSVERZEICHNIS

ZUM GELEIT

In diesem Buch wird der Versuch gemacht, den Geist der armenischen Kirche aus ihrer Liturgie, ihren Hymnen und ihren Bildern des Heils in einer Gesamtschau zur Darstellung zu bringen. Während gewöhnlich liturgische Texte, Hymnen oder Bilder heute verschiedensten Einzelanalysen zugeordnet sind, werden sie hier in einer Zusammenschau so betrachtet, daß man den Eindruck gewinnt, sie würden sich in ungewöhnlicher Weise gegenseitig ergänzen und steigern und dadurch viele Menschen von innen her berühren.

Neben der byzantinischen Chrysostomus-Liturgie, der größten und bedeutsamsten einheitlichen Grundgestalt einer östlichen Liturgie seit ihren Ursprüngen überhaupt, kann die armenische Liturgie trotz mancher Veränderung im Laufe ihrer Geschichte als die am meisten ebenbürtige bezeichnet werden. Wiewohl es schwierig ist, summarische Urteile über Liturgien aufzustellen, möchte man doch meinen, daß es liturgische Grundakzente gibt, die sich gerade in diesen beiden Liturgien in großer Ausfaltung und dadurch in großer Ergänzung feststellen lassen. Es gibt solche Akzente, durch deren Entfaltung das Gesamtgeschehen des Heils, das sich im liturgischen Vollzug manifestiert, die Herzen der Gläubigen erreicht und verwandelt.

In der Chrysostomus-Liturgie gewinnt man schnell den Eindruck, daß von der Bereitung der Gaben an, also seit dem Beginn der Liturgie die einzelnen Heilsereignisse in ihrer inneren Einheit geschaut werden sollen. Bei der Bereitung des Brotes und des Kelches denkt man an die Schlachtung des Gotteslammes, und doch schwebt nachher über der Schale der Stern von Bethlehem. Das geschlachtete Lamm wurde zum Brot für die vielen, vorbedeutet bereits in Bethlehem, dem Haus des Brotes. Auch die Prozessionen dieser Liturgie wollen das Christusmysterium erfahrbar machen, einmal seinen Abstieg in diese Welt zu uns Menschen, dann aber auch seinen Aufstieg, seine Heimkehr zum Vater. So bleibt die Heilige Feier bis zum Ende ein großes Bewegungsspiel, ein mitreißendes Beteiligtsein am göttlichen Handeln im Kommen seines Sohnes.

Ganz anders wirkt die Grunderfahrung in der armenischen Liturgie. Hier bereitet man sich zuerst auf ein großes Ereignis. Man erschauert darüber, daß dem mit Schuld beladenen Menschen Unsagbares vom göttlichen Erbarmen geschenkt wird. Mit dem Aufstieg des Priesters zum Altar werden alle mit zu einer himmlischen Liturgie aufgehoben und dürfen sich nun im Licht aufhalten, wobei gleichsam der Wechsel in den Farben (in den Gebeten) das Auge zu immer größerer Aufnahme des göttlichen Lichtes bereitet.

In dem folgenden Text der Liturgie, in den Hymnen und Bildern der armenischen Kirche wird versucht, jenes innerste Wissen dieser Kirche anzurühren und zu vergegenwärtigen, das man das „Verweilen in der Nähe des Herrn" nennen kann.

Ein besonderer Dank sei dem Hüter der Bibliothek des Armenischen Patriarchates in Jerusalem, S. Eminenz Erzbischof Noraya Bogdanian, sowie dem Armenischen Patriarchat, für die freundliche Erlaubnis zum Fotografieren der Handschriften ausgesprochen.

WILHELM NYSSEN

HINFÜHRUNG ZUR ARMENISCHEN LITURGIE

Die armenische Kirche kann wegen der engen Verbindung des demokratischen mit dem monarchischen Element als „die älteste christliche *Volkskirche*“ (Loofs) gelten. Noch heute sind hier die Laien, wie im Urchristentum, an der Leitung weit mehr beteiligt als in anderen orientalischen Kirchen. So steht dem Pfarrer ein Kirchenrat zur Seite, der sich nur aus Laien zusammensetzt. Das Volk wählt auch seine Priester selbst, meist aus dem Handwerker- und Arbeiterstand; nach frühchristlicher Sitte wählt es, zusammen mit dem Klerus, auch die Bischöfe, und zwar in erster Linie aus den Reihen der „Vardapet“, den gelehrten Mönchs-Doktoren, während der oberste Bischof, der „Katholikos“, von den Bischöfen und einem aus Laien bestehenden Kirchenrat bestimmt wird.

Die einzelnen Diözesen werden von einem aus je sechs geistlichen und weltlichen Vertretern bestehenden Rat verwaltet; die höchste Instanz der armenischen Kirche bildet neben dem Katholikos die „Synode“, zu der jede Diözese einen Priester und einen Laien entsendet. Bemerkenswert ist, daß die Bischöfe nach ihrer Ernennung ursprünglich keine eigentliche Weihe mehr erhielten — man sah durch die Priesterweihe bereits die volle Weihegewalt übertragen —, dagegen wurde und wird die Weihe des Katholikos feierlich von 12 Bischöfen vollzogen, und zwar unter Handauflegung und Salbung mit Myron. Die heutigen Ordinationsriten sind denen der lateinischen Kirche nachgebildet.

Armenien ist nicht nur die älteste christliche Volkskirche, es stellt auch den „ersten christlichen Staat der Weltgeschichte“ (Spuler) dar, nachdem i. J. 301/2 König Tiridates (Trdat) sich zum Christentum bekehrt hat und von sich aus eifrig um die Einführung des Glaubens in seinem Land bemüht war. Unterstützt wurde er dabei vom heiligen Gregor, genannt „der Erleuchter“ (240-332), mit dem er in Freundschaft verbunden war. Gregor hatte in Caesarea (Kappadokien) die Bischofsweihe erhalten und danach 12 Bischöfe, Söhne heidnischer Oberpriester, die er im Glauben unterrichtete, für das Land aufgestellt. Das armenische „Katholikat“ unterstand anfänglich als Tochterkirche immer noch der Metropole von Caesarea.

In der ersten Zeit ging die Katholikos-Würde auf die Söhne und Nachkommen Gregors über. Sein Geschlecht starb mit dem Tode Sahaks des Großen (439) aus. Fortan bestiegen nur mehr Mönche die Kathedra des Katholikos. Schon zuvor, in der Zeit des heiligen Basilius, war auf Betreiben des Königs Pap die Loslösung von der Metropole Caesarea und damit von der byzantinischen Reichskirche vollzogen worden.

Während die armenische Kirche noch auf dem Konzil von Nicäa (325) durch Aristakes, einen Sohn des heiligen Gregor, vertreten war, war dies bei den folgenden ökumenischen Synoden nicht mehr der Fall, da das Land seit 387 zum großen Teil von den Persern besetzt war. So befanden sich 451, als das Konzil von Chalcedon abgehalten wurde, die Armenier in einem heldenmütigen Kampf gegen die Perser, die sie zum Abfall vom christlichen Glauben zwingen wollten, und konnten deshalb keinen Bischof nach Chalcedon schicken.

Eine 491 (oder 506) abgehaltene armenische Kirchenversammlung verwarf nachträglich das Chalcedonense, auf dem die Lehre von den beiden Naturen in Jesus Christus zum Glaubenssatz erhoben worden war, und fügte, wie die antiochenischen Monophysiten, dem Trisagion den Zusatz bei: „der für uns gekreuzigt wurde“. Der Unterschied zur orthodoxen Lehre liegt jedoch nur in der Ausdrucksweise und nicht in der Sache selbst begründet.

In der Folgezeit kam es immer wieder zu einer kürzeren oder längeren Wiedervereinigung mit der Reichskirche und nach dem Schisma Roms mit Byzanz während der Kreuzzüge sogar zu einer Union mit der lateinischen Kirche (von 1198-1375), die jedoch auf Kilikien (Kleinarmenien) beschränkt war. Auf dem Konzil von Florenz war die armenische Kirche ebenfalls durch eine Gesandtschaft vertreten. Seit 1742 gibt es ein mit Rom uniertes Patriarchat. Der Hauptteil der Armenier blieb aber sowohl von Byzanz als auch von Rom getrennt. Heute gibt es etwa 3 Millionen Gläubige in der Sowjetrepublik Armenien, wo sie sich einer relativen Freiheit erfreuen, und etwas über 1 Million im Ausland. Ihnen stehen nicht viel mehr als 100.000 Unierte gegenüber.

Die zahlreichen, z. T. unmenschlichen Verfolgungen der Armenier in den vielen Kriegen, die im Lauf ihrer Geschichte über das Land hinweggezogen sind, zuerst durch die Perser, dann im 14./15. Jh. durch die Mongolen und schließlich die Türken, die allein während des 1. Weltkrieges über 1 Million Gläubige niedergemetzelt haben oder grausam umkommen ließen — die verbündete deutsche Reichsregierung sah dabei tatenlos zu —, haben die Glaubenskraft dieses Volkes nicht zerstören können und im Gegenteil immer wieder neues religiöses Leben geweckt und gestärkt.

Als Oberhaupt der ganzen armenischen Kirche gilt heute der Katholikos in Edschmiadzin (am Fuß des Ararat in Sowjetarmenien) mit dem Titel „Höchster Patriarch und Katholikos aller Armenier". Es gibt außerdem noch ein ihm unterstehendes Katholikat in Kilikien (seit 1930 mit dem Sitz im Libanon), sowie ein Patriarchat in Jerusalem (seit 1311) und ein solches in Konstantinopel (seit 1461), außerdem, wie gesagt, einen unierten Patriarchen, der in Rom residiert. Große Verdienste um die Erhaltung und Pflege der armenischen Literatur haben sich die i. J. 1701 von Mechithar gegründeten Mechitharisten-Mönche (zwei Zweige mit dem Sitz in Venedig bzw. Wien) erworben.

Von der langjährigen Union mit der lateinischen Kirche sind starke Einflüsse auf Lehre und Kult der Armenier ausgegangen, die nicht auf die Unierten beschränkt blieben. So wurde in dogmatischer Hinsicht u. a. die 7-Zahl der Sakramente übernommen, in liturgischer Hinsicht die dem lateinischen Stufengebet der Messe entsprechenden Vorbereitungsgebete sowie der Johannesprolog als letztes Evangelium, außerdem der Gebrauch der Inful durch die Bischöfe. Die Verwendung des ungesäuerten Brotes geht hingegen auf eine frühe Periode zurück. Der Wein wird bei den Armeniern nicht mit Wasser vermischt.

Die typischen *armenischen Gotteshäuser* stellen Zentralbauten dar; sie weisen eine gewisse Ähnlichkeit mit den vorausgehenden heidnischen Feuertempeln auf, auf deren Grundmauern sie verschiedentlich auch erbaut sind, interessanterweise aber ebenso mit westgotischen Kirchen, so mit der bekannten Kapelle des Bischofs Theodulph von Orléans, eines Westgoten, um 800 in Germigny-des-Prés. Dies mag damit zusammenhängen, daß armenische Emigranten und Mönche schon vor dem 6. Jh. armenische Kultur bis zu den Goten getragen haben. Übrigens stammte auch Ulfila, der Übersetzer der gotischen Bibel im 4. Jh., aus Kappadokien.

Um die als Kuppelquadrat gebauten armenischen Kirchen reihen sich drei oder vier Apsiden. Der etwas erhöhte Altarraum ist vom Schiff durch eine niedrige Schranke abgetrennt. Zu ihm führen auf beiden Seiten Stufen hinauf. Während bestimmter Teile der Liturgie ist der Altarraum, ähnlich wie einst das Heiligtum des Tempels in Jerusalem, durch einen großen Vorhang vom Kirchenschiff getrennt.

Der Altar selbst steht seit dem frühen Mittelalter nicht mehr frei im Raum, sondern ist auf drei Seiten von (hohen) Cancelli umgeben. Wie das Allerheiligste (Sancta sanctorum) des Tempels in Jerusalem ist er durch einen weiteren (kleinen) Vorhang verhüllt, der jedoch während der Meßfeier zeitweise geöffnet wird. Links und rechts des Altars befindet sich je eine Tür, die zum dahinterliegenden Apsisraum führt, wo die Bereitung der Opfergaben (Proskomidie) stattfindet und die Prozession beim kleinen bzw. großen Einzug ihren Ausgang nimmt. Die Altarwand ist mit einem Schmuckkreuz oder dem Bild des Erlösers, gegenwärtig auch mit einer dem jeweiligen Fest entsprechenden Ikone geschmückt.

Die Ikonenverehrung spielt in der armenischen Kirche nicht die gleiche Rolle wie in der byzantinischen. Das sakrale Bild beherrscht jedoch ganz die liturgischen Handschriften, besonders die Evangelienbücher und Hymnare, in denen das heilige Wort in der Kalligraphie und das heilige Bild eine glückliche Verbindung eingegangen sind. In der Miniaturmalerei macht sich dabei in starkem

Maße der Einfluß von Byzanz bemerkbar. Wenngleich es den armenischen Künstlern gelungen ist, einen durchaus selbständigen Stil zu entwickeln, ist dennoch das byzantinische Bildschema stets gewahrt geblieben.

Die *eucharistische Liturgie,* die wir im folgenden in einer etwas gekürzten Fassung übersetzt wiedergeben, beruht auf dem kappadokischen Meßritus des 4. Jh.; sie hat jedoch im Laufe der Zeit zuerst byzantinische und syrische, dann römische Elemente aufgenommen. Die Liturgiesprache war anfänglich das Griechische, woran jetzt noch diakonale Rufe wie „proschume" (= πρόσχωμεν) und „orthi" (= ὀρθοί) erinnern.

Die gottesdienstlichen Texte wurden unter dem Katholikos Sahak d. Gr. von Mesrop im frühen 5. Jh. (406) nach Erfindung eines eigenen Alphabets zusammen mit der Heiligen Schrift in die Landessprache übersetzt, womit das „Goldene Zeitalter" der armenischen Literatur begann. Ihre besondere Ausprägung erfuhr die Liturgie im Verlauf des 6. und 7. Jh., im „silbernen Zeitalter", durch das Aufkommen eigener kirchlicher Hymnen und Gebetstexte, die den besonderen Reiz des armenischen Ritus ausmachen.

Die Meßfeier weist in ihrer ursprünglichen Gestalt eine nicht zu übersehende Ähnlichkeit mit dem altgallikanischen Ritus auf, was auf die engen Beziehungen des frühchristlichen Galliens und der Kirche Armeniens zu den kleinasiatischen Gemeinden und zu Syrien zurückzuführen ist. Auch die Person des hl. Hilarius von Poitiers († 376) spielt hier herein. Dieser unermüdliche Kämpfer gegen den Arianismus hat mehrere Jahre in Kleinasien in der Verbannung gelebt und von dort Anregungen für die Gestaltung des Gottesdienstes mitgebracht; er kann daher als der eigentliche Schöpfer des altgallikanischen Ritus angesehen werden. Das von ihm redigierte und in späteren, überarbeiteten Handschriften erhaltene Meßbuch hieß, wie wir durch Hieronymus wissen, „Liber mysteriorum" (Buch der Mysterien) und trägt somit die gleiche Bezeichnung wie das Missale der Armenier, das „Chordatetr" (Codex mysterii) genannt wird.

Die liturgischen Gewänder der Priester und Kleriker stimmen mit den byzantinischen weitgehend überein; nur das Meßgewand scheint auf den ersten Blick verschieden und mehr einen lateinischen Pluviale (ohne Schild) ähnlich zu sein. Das armenische Meßgewand ist jedoch dem Schnitt nach völlig gleich mit dem griechischen Phelonion bzw. der lateinischen Glockenkasel; im Gegensatz zu diesen ist es auf seiner vorderen Seite nicht zugenäht.

Diakone und Priester tragen seit dem Mittelalter die Kopfbedeckung der byzantinischen Bischöfe, während diese selbst, wie erwähnt, die Mitra der lateinischen Prälaten übernommen haben. Die Sänger, deren Gewänder mit einem gestickten Halskragen versehen und denen der Diakone ähnlich sind, haben ihren Platz in der Nähe des Altars; sie tragen die Chorgesänge mit ihren herrlichen, uns vielleicht etwas exotisch anmutenden Melodien instrumental, mit Zymbeln, Glöcklein, Triangel und Becken vor.

Ähnlich wie im syrischen und äthiopischen Ritus finden wir im armenischen im Idealfall einen Konzelebranten, den „presbyter assistens", sowie neben einem Archidiakon weitere Diakone, was die Festlichkeit nicht unwesentlich erhöht.

Der Meßritus trägt den Namen des hl. Gregor des Erleuchters, des Gründers der armenischen Kirche. In früherer Zeit wurden, außer der heute gebräuchlichen Anaphora, weitere Formulare verwendet, so eine Anaphora des Gregor von Nazianz, des Kyrill von Alexandrien und des Sahak d. Gr. Rituell unterscheidet sich die Meßfeier der unierten Armenier, vom Gebrauch der stillen Messe abgesehen, gegenüber der nicht-unierten nur durch die Auslassung der oben genannten Beifügung zum Trisagion und eine Änderung im Wortlaut der Epiklese nach der Konsekration, wodurch nach lateinischem Verständnis auf die bereits durch die Konsekrationsworte des Einsetzungsberichts vollzogene Wandlung der Gaben hingewiesen werden soll. Es sind jedoch Bestrebungen im Gang, diese wenig glückliche Änderung wieder rückgängig zu machen.

Die Feier des heiligen Opfers durchziehen eine Reihe von Hymnen, von denen einige je nach dem Festtag oder der Zeit wechseln. Sie zeigen ähnliche Gedanken, wie sie uns auch in den gallikanischen bzw. mozarabischen Kirchenliedern begegnen, wobei der Hinweis auf die himmlische Liturgie, wie sie von den Chören der Engel vor dem Throne Gottes gefeiert wird und an der wir hier auf Erden teilnehmen, ein Hauptthema darstellt.

Die Armenier verwenden seit altersher bei der Messe, wie später die Lateiner, ungesäuertes Brot. Es wird am Morgen vor Beginn der Feier in einem Ofen nahe der Kirche gebacken. Auf der Oberseite trägt das Opferbrot ein Kreuz oder das Gotteslamm. Der Wein im Kelch wird nicht mit Wasser vermischt.

Der Vergleich mit dem verwandten byzantinischen Ritus, aus dem mehrere Stillgebete des Priesters wörtlich übernommen sind, zeigt, daß der armenische dessen Weiterentwicklung verschiedentlich nicht mitgemacht hat, was sich nicht zuletzt auch in den Doxologien kundtut, die nicht selten die trinitarische Form vermissen lassen.

Anleihen aus dem römischen Ritus (aus der Zeit der Union mit dem Papst) stellen das Stufengebet zu Beginn und das Schlußevangelium (Jo 1,1-18); in der Osterzeit Jo 21,15-20) dar. Sie finden sich, wie der Gebrauch der lateinischen Mitra, sowohl bei den orthodoxen als auch bei den unierten Armeniern.

Literatur (in Auswahl):

Fr. Heiler, Die Ostkirchen (München — Basel 1971) 375-391.
J. Aßfalg / P. Krüger, Kleines Wörterbuch des christlichen Orients (Wiesbaden 1975) 26-50; 232 f.
B. Spuler, Die morgenländischen Kirchen (Leiden — Köln 1964) 240-268.
F. X. Steck, Die Liturgie der katholischen Armenier (Tübingen 1845).

Divine Liturgy of the Armenian Church (1. Aufl. 1969, 3. Aufl. 1974).
N. Ter-Mikaëlian, Das armenische Hymnarium. Studien zu seiner geschichtlichen Entwicklung (Leipzig 1905).
G. Winkler, Die Taufhymnen der Armenier, in: H. Becker — R. Kaczynski (Hrsg.), Liturgie und Dichtung I (St. Ottilien 1983) 381-419.
M. S. Ipsiroglu, Die Kirche von Achtamar. Bauplastik im Leben des Lichtes (Berlin — Mainz 1963).
B. Brentjes, Drei Jahrtausende Armenien (Wien — München 1976).
B. Brentjes u. a., Kunst des Mittelalters in Armenien (Wien — München 1982).
L. Heiser, Das Glaubenszeugnis der armenischen Kirche (= Sophia 22, Trier 1983).
K. Gamber, Die Meßfeier nach altgallikanischem Ritus (= Studia patristica et liturgica 14, Regensburg 1984).
K. Gamber, Der altgallikanische Meßritus als Abbild himmlischer Liturgie (= 14. Beiheft zu den Studia, Regensburg 1984).
K. Gamber, Der gotische Lettner, in: Das Münster 37 (1984) 197-201.
O. Nußbaum, Der Standort des Liturgen am christlichen Altar (= Theophaneia 18, Bonn 1965) 130-132.
B. Narkiss, Armenische Kunst. Die faszinierende Sammlung des armenischen Patriarchats in Jerusalem (Stuttgart — Zürich 1980); hier S. 124 eine Abbildung des Altarraums der Kathedrale und S. 128 der Etschmiadzin-Kapelle.
E. Suttner, Eine „ökumenische Bewegung" im 12. Jahrhundert und ihr bedeutendster Theologe, der armenische Katholikos Nerses Schnorhali, in: Kleronomia 7 (1975) 87-98.

LITURGIE DER ARMENIER

PROSKOMIDIE

(Vorbereitungsgottesdienst)

Während die Gläubigen schon in der Kirche zur heiligen Feier versammelt sind, befinden sich Priester und Diakone in der Sakristei an der linken Seite des Chores, um die liturgischen Gewänder anzulegen. Der Gesang des Chores: „Tiefes, unbegreifliches, anfangloses Mysterium . . ." weist darauf hin, daß die ganze Gemeinde das Heraustreten des Priesters mit dem Altardienst erwartet, weil sie ja an dieser geheimnisvollen Verwandlung, die durch die liturgische Kleidung geschieht, teilhaben darf.

In der Sakristei spricht der Priester vor seiner Ankleidung ein Gebet, das ihn erkennen läßt, wie er jetzt ein himmlisches Gewand anlegen darf zum Dienst der göttlichen Herrlichkeit. Dieses Gebet lautet:
„Der du in Licht gekleidet bist wie in ein Gewand, unser Herr, Jesus Christus; in unaussprechlicher Erniedrigung bist du auf Erden erschienen und mit den Menschen umgegangen: Der du Hoherpriester geworden bist von Ewigkeit nach der Ordnung Melchisedechs, und deine heilige Kirche gezieret hast: Allmächtiger Herr, der du uns verliehen hast, dieses himmlische Gewand anzuziehen, mache auch mich, deinen unnützen Diener, zu dieser Stunde würdig, der ich es wage und hinzutrete zu diesem geistigen Dienste deiner Herrlichkeit: damit ich von allen Ungerechtigkeiten, welche das Gewand der Befleckung sind, gereinigt werde und geschmückt mit deinem Lichte. Nimm weg von mir alle meine Bosheiten und entferne meine Übertretungen, damit ich würdig werde des bei dir bereiteten Lichtes. Verleihe mir gnädig, mit priesterlichem Schmucke mich zu nähern dem Dienste deiner Heiligkeit mit denjenigen, welche in Unschuld deine Gebote bewahrt haben: damit ich auch vorbereitet erfunden werde deines himmlischen Brautgemaches mit den weisen Jungfrauen, zu preisen dich, Christus, der du die

Sünden aller weggenommen hast; denn du bist die Heiligung unserer Seelen: und dir, gütiger Gott, gebührt Ruhm, Herrschaft und Ehre, jetzt und immer und von Ewigkeit zu Ewigkeit. Amen."

Dann treten die Diakone hinzu und legen ihm die Gewänder an, durch die er die in Gnaden geschenkte hohepriesterliche Würde zum sichtbaren Ausdruck bringen darf.

Beim Aufsetzen der Tiara, der Krone, spricht er:
„Setze, Herr, den Helm der Erlösung auf mein Haupt, zu kämpfen mit den Mächten des Feindes: durch die Gnade unseres Herrn Jesus Christus, welchem gebührt Ruhm, Herrschaft und Ehre, jetzt und immer und von Ewigkeit zu Ewigkeit. Amen."

Dann wird ihm die Albe, das weiße Gewand, angelegt. Dabei spricht er:
„Kleide mich, Herr, mit dem Gewande der Erlösung, und mit der Tunika der Freude, und umhülle mich mit dem Kleide des Heiles: durch die Gnade unseres Herrn Jesus Christus".

Darauf wird er mit dem Cingulum gegürtet und spricht:
„Es umgebe der Gürtel des Glaubens die Mitte meines Herzens und Geistes und tilge weg aus ihnen die befleckten Gedanken. Und die Kraft deiner Gnaden wohne jederzeit in denselben: durch die Gnade unseres Herrn Jesus Christus."

Beim Anlegen des Manipels betet er:
„Gib, Herr, Kraft meiner Hand, und wasche alle meine Befleckung ab, damit ich geschickt werde, dir zu dienen mit Unschuld der Seele und des Leibes, durch die Gnade unseres Herrn Jesus Christus".

Dann legt er die Stola an und spricht:
„Kleide, Herr, meinen Hals mit Gerechtigkeit, und reinige mein Herz von aller Befleckung der Sünden: durch die Gnade unseres Herrn Jesus Christus".

Wenn dem Priester dann das Meßgewand, das der frühen chormantelartigen Paenula gleicht, angelegt wird, wird ihm durch das begleitende Gebet bewußt, daß dieses Gewand ihn wie eine Mauer gegen alles Böse schirmt. Der Priester wird für alle Gläubigen, die bereits versammelt sind und auf ihn warten, zum Bild der heiligen Stadt Jerusalem, Bräutigam (Christus) und Braut (Kirche) in eins. Er betet:

„Herr, durch deine Barmherzigkeit kleide mich mit dem glänzenden Gewande, und befestige mich wie mit einer Mauer gegen die Wirksamkeit des Bösen, damit ich würdig werde, zu verherrlichen deinen preiswürdigen Namen: durch die Gnade unseres Herrn Jesus Christus".

Wenn er so zum Vollzug der Mysterien gewandet ist, spricht er das Gebet:

„Es freue sich meine Seele in dem Herrn, denn er hat mir angetan das Kleid des Heiles und das Gewand der Freude. Wie einem Bräutigam setzte er mir eine Krone auf, und wie eine Braut hat er mich mit Schmuck geziert durch die Gnade unseres Herrn Jesus Christus."

Während dieser Ankleidung des Priesters und seines Altardieners singt der Chor jenen Hymnus, der den in seine liturgische Gewandung gehüllten Priester zum Inbegriff der ganzen Gemeinde werden läßt, die an diesem Verwandlungsvorgang innig beteiligt ist:

„Tiefes, unbegreifliches, anfangloses Mysterium! Die oberen Reiche (der Welt) schmücktest du als Vorhang des unnahbaren Lichts, mit ruhmreicher Herrlichkeit die Heere der Feuerwesen (Engel).

Mit unaussprechlicher Wunderkraft erschufst du Adam zum herrlichen Ebenbild und schmücktest ihn im Garten von Eden, dem Ort der Freude, mit etwas geringerer Herrlichkeit (als die Engel).

Durch die Leiden deines heiligen Eingeborenen wurden alle Geschöpfe erneuert: Der Mensch wurde wieder unsterblich, geschmückt mit einem unverwüstlichen Gewand.

Lebenerzeugender Kelch, feuerentzündender, der du ausgegossen wurdest im heiligen Saal: ergieße auch über uns, Gott Heiliger Geist, mit diesem Gewand (mit dem wir uns bekleiden) deine Weisheit aus.

Deinem Hause gebührt Heiligkeit: Der du gekleidet bist mit Schönheit und umgürtet mit Heiligkeit und Glorie, umgürte uns mit Wahrheit.

Der du als Schöpfer deine Arme ausbreitest bis zu den Sternen, befestige unsere Arme mit Stärke, damit wir unsere Hände zu dir fürbittend erheben können.
Durch die Krone des Hauptes bewahre den Geist und durch das kreuzgestickte Orarion die Sinne, gemäß Aarons goldgewirktem Gewand, zur Zierde des Heiligtums.
Aller Herren Herr, Gott, du hast uns das (priesterliche) Gewand in Liebe angezogen, damit wir Diener deiner heiligen Mysterien seien.
Himmlischer König, erhalte deine Herde unerschütterlich und die Anbeter deines Namens in Frieden."

Die Teilhabe des heiligen Volkes an der Gewandung des Priesters kommt am deutlichsten in den beiden letzten Strophen des Hymnus zum Ausdruck:
„Aller Herren Herr, Gott, du hast uns das (priesterliche) Gewand in Liebe angezogen, damit wir Diener deiner heiligen Mysterien seien.
Himmlischer König, erhalte deine Herde unerschütterlich und die Anbeter deines Namens in Frieden."

Währenddessen schreitet der Priester mit dem Altardienst zum Altar und betet während der Händewaschung den 25. Psalm, vor allem die Verse:
„In Unschuld wasche ich meine Hände
und schreite, o Herr, um deinen Altar,
verkünde offen dein Lob, erzähle alle deine Wunder."

Der Diakon ruft darauf die heilige Gottesgebärerin und alle Heiligen zu Fürsprechern beim himmlischen Vater an, daß er sich huldvoll seiner Geschöpfe erbarme. Darauf spricht der Priester folgendes Gebet:
„Nimm, o Herr, unsere Gebete durch die Fürbitte der heiligen Gottesgebärerin, der unbefleckten Mutter deines eingeborenen Sohnes und durch die Gebete aller deiner Heiligen (gnädig) auf; erhöre uns, Herr, und erbarme dich, vergib uns, versöhne uns, und erlaß uns unsere Sünden. Mache uns würdig, mit Danksagung zu preisen dich mit dem Sohne und mit dem Heiligen Geiste, jetzt und immer und in alle Ewigkeit. Amen."

Unmittelbar danach neigt sich der Priester vor den anderen Priestern, die vor ihm stehen, und spricht das Bekenntnis seiner Schuld:
„Ich bekenne vor Gott und der heiligen Gottesgebärerin und vor allen Heiligen und vor euch, Väter und Brüder, alle Sünden, welche ich begangen habe, weil ich gesündigt habe in Gedanken, Worten und Werken, und mit allen Sünden, welche die Menschen tun, hab ich gesündigt. Ich bitte euch, flehet für mich zu Gott.“

Darauf antworten die Umstehenden, indem sie das Erbarmen Gottes über den feiernden Priester herabrufen:
„Es erbarme sich deiner der mächtige Gott und verleihe dir gnädig Nachlassung aller deiner Übertretungen, der vergangenen und gegenwärtigen, und vor zukünftigen erlöse er dich, und er befestige dich in allen guten Werken und schenke dir Ruhe im künftigen Leben. Amen.“

Schließlich erwidert der Priester darauf, indem er um die Vergebung der Schuld für alle bittet:
„Es befreie auch euch der huldvolle Gott und vergebe euch alle eure Vergehungen. Er gebe euch Zeit, Buße zu üben und Gutes zu tun, er leite auch euer zukünftiges Leben durch die Gnade des Heiligen Geistes, des mächtigen und barmherzigen: ihm gebührt Ruhm in Ewigkeit. Amen.“

Darauf ruft der Chor:
„Gedenke unser vor dem unsterblichen Lamme Gottes;“

und der Priester antwortet, indem er den folgenden Psalm 99 *„Jubelt dem Herrn alle Lande“* einleitet, den der Chor darauf singt.

Noch einmal ruft der Diakon:
„Lasset uns den Herrn mit unserer heiligen Kirche bitten, daß er uns durch sie von unseren Sünden erlöse und (uns) durch die Gnade seiner Erbarmung errette. Allmächtiger Herr, unser Gott, errette (uns) und erbarme dich (unser);“

und der Priester antwortet:
„In der Mitte dieses Tempels und vor diesen Gott genehmen und herrlichen heiligen Zeichen und an diesem heiligen Orte werfen wir uns in Ehrfurcht nieder und beten an, preisen deine heilige, wunderbare und siegreiche Auferstehung; und bringen dir dar Macht und Herrlichkeit mit dem Vater und mit dem Heiligen Geiste, jetzt und allezeit und von Ewigkeit zu Ewigkeit. Amen."

Darauf spricht der Priester mit dem Altardienst den 42. Psalm:
„Ich will mich nahen deinem Altar . . ."

Am Ende spricht der Diakon:
„Lasset uns benedeien den Vater unseres Herrn Jesus Christus, der uns würdig gemacht hat an den Ort der Lobpreisung zu kommen und geistliche Lieder zu singen. Allmächtiger Herr, unser Gott, errette (uns) und erbarme dich (unser).
In der Wohnung der Heiligkeit und an dem Orte der Verherrlichung, dieser Wohnung der Engel und diesem Versöhnungsorte der Menschen, vor diesen Gott angenehmen, erleuchteten, heiligen Zeichen und vor diesem heiligen Altare werfen wir uns zum zweiten Male aus Ehrfurcht nieder und beten an, verherrlichen deine heilige wunderbare und siegreiche Auferstehung und bringen dir Macht und Ehre mit dem Vater und mit dem Heiligen Geiste, jetzt und immerdar und von Ewigkeit zu Ewigkeit. Amen."

Wird die Liturgie von einem Bischof gefeiert, so spricht der Bischof nach der Händewaschung still ein langes Gebet, indem er die Feier dieses Opfers in den gesamten Heilsplan des Dreifaltigen Gottes mit seiner Welt einbezieht:
„Allmächtiger, gütiger, liebevoller Gott des Alls, Schöpfer des Sichtbaren und Unsichtbaren, Erlöser und Befestiger, Sorger und Friedenspender, mächtiger Geist des Vaters, wir bitten, daß wir mit flehentlichen Gebeten, mit Geschrei des Seufzens vor dir, Furchtbarer, erscheinen. Wir nahen mit großem Zittern, mit heftiger Furcht, um zuerst darzubringen dieses vernünftige Opfer deiner unbegreiflichen Macht, gleichwie dem Genossen auf dem Throne, an der Herrlichkeit und an der Schöpfung, der unveränderli-

chen väterlichen Ehre, dem Ausleger des Geheimnisses der tiefen Gedanken des allvollkommenen Willens des Vaters Emanuels, dir dem (Gott)gesandten, dem Erretter und Beleber und Schöpfer von allem. Von deiner Hand wurde uns geoffenbart die dreifache Persönlichkeit der gleichwesentlichen Gottheit, von welchem auch du Einer bist, bekannt als unbegreiflich. Durch dich und durch deine Kraft offenbarten die ersten Sprößlinge des patriarchalischen Geschlechtes, Seher genannt, das Vergangene und das Zukünftige mit deutlicher Sprache. Geist Gottes, den Moses verkündigte, der du bei deinem Kommen über die Gewässer unbeschreibliche Macht in majestätischem, bildendem Schweben, wie mit den Flügeln beschirmend und dich erbarmend über die neuen Geschlechter, das Geheimnis der Taufe geoffenbart hast: für welches du vor der Bildung des flüssigen Schleiers des Firmamentes mächtig nach Herrscher Weise ein Vorbild gegeben, indem du alle und jede Naturen, alle und jede Wesen aus Nichts erschaffen hast. Durch dich werden geschaffen zur Neuheit der Auferstehung alle Wesen, welche von dir sind, zu jener Zeit, welche der letzte Tag dieses Lebens und der erste Tag jenes Landes der Lebendigen ist. Dir hat sich unterworfen mit Einheit des Willens wie seinem Vater, der mit dir gleicher Abstammung und mit dem Vater gleichen Wesens ist, der erstgeborene Sohn in unserer Gestalt. Dich hat angekündigt der wahrhaftige Gott als gleich und wesensgleich seinem mächtigen Vater und hat die gegen dich gerichtete Sünde als unerlöslich ausgerufen, und die Lästermäuler der dir Widerstrebenden als solche der gegen Gott Streitenden verstopft, aber die gegen ihn gerichteten vergab er, der Gerechte und Schuldlose, der Wiederfinder aller, der wegen unserer Sünden überliefert wurde und auferstand wegen unserer Rechtfertigung. Ihm sei Herrlichkeit durch dich, und dir Preis mit dem allmächtigen Vater von Ewigkeit zu Ewigkeit. Amen.“

Das Gebet wird auf dieselbe Weise wiederholt, bis sich das Vertrauen der Erleuchtung wunderbar mitteilt und ihn antreibt, von neuem den doppelten Frieden zu verkünden.

„Wir bitten und flehen an unter Tränen und Seufzern von ganzer Seele die glorreiche Schöpferkraft deines vergänglichen und unerschaffenen zeitlosen gütigen Geistes: Der du Fürsprecher bist für uns mit stummen Seufzern bei dem barmherzigen Vater: Der du die Heiligen bewahrest und die Sünder läuterst

und zu Wohnungen machst des lebendigen und belebenden Willens des höchsten Vaters. Befreie uns nun von allen unreinen Werken, welche deiner Wohnung nicht ziemend sind, und es sollen nicht schwinden bei uns die Strahlen deines Gnadenlichtes aus unseren geistigen Augen; denn wir haben gelernt, daß du dich mit uns mittels der Gebete vereinigest, und durch den Wohlgeruch eines auserwählten Lebens. Und weil Einer von der Dreieinigkeit sich opfert und Einer für uns (das Opfer) gnädig annimmt durch das erlösende Blut seines Erstgeborenen: so nimm auch du unsere Bitten gnädig auf und bereite uns zu ehrwürdigen Wohnungen, durch alle Vorbereitung zum würdigen Genusse der Speise des himmlischen Lammes, damit wir ohne Strafe der Verdammung empfangen dieses unsterblich machende Manna des Lebens der neuen Erlösung. Es sollen verzehrt werden in diesem Feuer unsere Ärgernisse, wie bei dem Propheten durch Berührung mit einer feurigen Kohle mittels der Zange, damit auf alle Weise deine Barmherzigkeit verkündiget werde, wie durch den Sohn Gottes die Güte des Vaters, der den verschwenderischen Sohn in das väterliche Erbe wieder eingesetzt und die Sünder gebracht hat zu dem himmlischen Reiche der Glückseligkeit der Gerechten. Ach! Auch ich bin Einer aus jenen, so nimm auch mich an mit diesen, als deiner großen Menschenliebe bedürfend, durch deine Gnade befreit, durch das Blut Christi erworben. Damit in diesem allen erkannt werde deine Gottheit, (der du) gepriesen bist mit dem Vater, ausgezeichnet mit gleicher Ehre in einem Willen und in einer preiswürdigen Herrschaft.“

Darauf wird der vordere große Vorhang zugezogen.

Es werden nun die Opfergaben vorbereitet; danach spricht der Zelebrant folgendes Opfergebet:
Gott, unser Gott, der du das himmlische Brot, unsern Herrn Jesus Christus, die Speise der ganzen Welt, als Erlöser, Segenspender und Heiligmacher gesandt hast, segne du selbst, o Herr, jetzt diese Opfergaben. Nimm sie auf zu deinem himmlischen Altar. In deiner Güte und Menschenliebe gedenke derer, die sie dargebracht haben, sowie derer, für die sie dargebracht werden. Bewahre uns ohne Schuld im priesterlichen Dienst bei der Verwaltung deiner göttlichen Mysterien. Denn geheiligt und verherrlicht ist dein allehrwürdiger und glorreicher Name, des Vaters und des Sohnes und des Heiligen Geistes, jetzt und allezeit und in die Ewigkeit der Ewigkeit. Amen.

Der Diakon trägt die Opfergaben auf den Tisch der Prothesis. Danach wird der Vorhang wieder aufgezogen. Während der Zelebrant den Altar und die ganze Kirche beräuchert, singt der Chor:
Auf die Fürbitte deiner Mutter und Jungfrau nimm die Gebete deiner Diener an. O Christus, der du durch dein Blut die heilige Kirche weit über die Himmel verherrlicht hast und in ihr die Rangordnungen der Apostel, Propheten und heiligen Lehrer gemäß der himmlischen (Chöre) bestellt hast.
Wir, die heute versammelten Ordnungen der Priester, Diakone, Sänger und Kleriker, bringen vor deinem Angesichte Weihrauch dar, nach dem Beispiel des Zacharias im Alten Bund.
Nimm auf unsere mit Weihrauch dargebrachten Gebete, wie das Opfer Abels, Noes und Abrahams. Durch die Fürbitte deiner himmlischen Heere erhalte immer unerschütterlich den Thron der Haikaner (Armenier).

MESSE DER KATECHUMENEN
(Wortgottesdienst)

Diakon: *Gib den Segen, Herr!* (Orhnia Der)

Priester: *Gebenedeit ist das Reich des Vaters und des Sohnes und des Heiligen Geistes, jetzt und allezeit und in die Ewigkeit der Ewigkeit.*

Der Chor singt nun das an den einzelnen Tagen wechselnde Eingangslied; danach der Diakon: *In Frieden lasset uns beten zum Herrn. Nimm an, errette und erbarme dich. Gib den Segen, Herr!*

Priester: *Lobpreis und Ehre dem Vater und dem Sohn und dem Heiligen Geist, jetzt und allezeit und in die Ewigkeit der Ewigkeit. Amen. Friede allen!*

(Kagagotyon amenetzon)

Chor: *Und mit deinem Geiste.*

Diakon: *Lasset uns Gott anbeten!*

Chor: *Vor dir, o Herr.* (Araji ko Der)

Priester: *Herr, unser Gott, dessen Macht unerforschlich und dessen Herrlichkeit unbegreiflich, dessen Erbarmen unermeßlich und dessen Güte unaussprechlich ist, blicke in deiner übergroßen Menschenliebe auf uns und diesen heiligen Tempel. Breite aus über uns und alle, die mit uns beten, die Fülle deines Erbarmens und deiner Liebe; denn dir gebührt Lobpreis, Macht und Ehre, jetzt und allezeit und in die Ewigkeit der Ewigkeit. Amen.*

Der Chor singt nun den Tages-Gesang vor dem Trishagion; währenddessen betet der Priester: *Herr, unser Gott, rette dein Volk und segne dein Erbteil. Bewahre die Gesamtheit deiner Kirche, heilige alle, die die Pracht deines Hauses lieben. Verherrliche uns durch deine göttliche Macht und verlaß uns nicht, die wir auf dich hoffen; denn dein ist die Macht und die Kraft und die Herrlichkeit, jetzt und allezeit und in die Ewigkeit der Ewigkeit. Amen.*

Friede allen!

O Herr, der du uns alle gemeinsam und einstimmig zu beten gelehrt und verheißen hast, die Bitten zweier oder dreier in deinem Namen Versammelten zu gewähren, erfülle auch jetzt die Bitten deiner Diener zu ihrem Heil, schenke uns in dieser Welt die Erkenntnis deiner Wahrheit und in der kommenden das ewige Leben; denn du bist ein gütiger und menschenliebender Gott und dir gebührt Lobpreis, Macht und Ehre, jetzt und allezeit und in die Ewigkeit der Ewigkeit. Amen.

O Herr, unser Gott, der du im Himmel die Chöre und Heere der Engel und Erzengel zum Dienst deiner Herrlichkeit bestellt hast, laß mit unserem Eingang heilige Engel eintreten, die mit uns die Liturgie verrichten und die Herrlichkeit deiner Güte mitverherrlichen.

Diakon: *Gib den Segen, Herr!*

Priester: *Denn dein ist die Kraft und die Macht und die Herrlichkeit in die Ewigkeit der Ewigkeit. Amen.*

Diakon: *Seien wir aufmerksam.* (Proschume)

Der Chor singt dreimal das Trishagion: *Heiliger Gott, heiliger Starker, heiliger Unsterblicher, der für uns gekreuzigt worden, erbarme dich unser.*

Inzwischen findet der kleine Einzug statt. Ein Diakon trägt das Evangelienbuch hinter dem Altar herum und reicht es dem zum Kusse, der die Messe bestellt hat. Der Priester betet inzwischen: *Heiliger Gott, der du im Heiligtum wohnst, von den Seraphim mit dem Dreimalheilig begrüßt, von den Cherubim verherrlicht und von allen himmlischen Mächten angebetet wirst; der du alle Dinge aus dem Nichts ins Dasein gerufen, der du den Menschen geschaffen hast nach deinem Bild und Gleichnis und ihn geschmückt hast mit allen Gaben deiner Gnade; du gibst dem Bittenden Weisheit und Einsicht, verwirfst den Sünder nicht, sondern hast zu seinem Heil die Buße gesetzt. Du hast uns, deine niedrigen und unwürdigen Diener, gewürdigt in dieser Stunde vor der Herrlichkeit deines Altares zu stehen und dir die schuldige Anbetung und Verehrung darzubringen. Nimm, o Herr, aus unserem Mund den dreimalheiligen Lobgesang an und schaue in deiner Güte auf uns nieder. Vergib uns jede wissentliche und unwissentliche Sünde, heilige unsere Seele, unsern Geist und unsern Leib und verleihe uns, alle Tage unseres Lebens dir in Heiligkeit zu dienen, auf die Fürbitte der heiligen Gottesgebärerin und all deiner Heiligen, an denen du von Ewigkeit her Wohlgefallen hattest. Denn heilig bist du, o Herr, und dir gebührt Lobpreis, Macht und Ehre, jetzt und allezeit und in die Ewigkeit der Ewigkeit. Amen.*

Inzwischen haben die Diakone die folgende Ektenie begonnen: *Laßt uns den Herrn in Frieden bitten.*

Chor: *Herr, erbarme dich.* (Der oghormia)

Um den Frieden der ganzen Welt, den Bestand der heiligen Kirche laßt uns den Herrn bitten.

Für die heiligen und rechtgläubigen Bischöfe laßt uns den Herrn bitten.

Für das Leben und das Seelenheil unseres obersten Hirten, des Katholikos N. (Bischofs, Erzbischofs) laßt uns den Herrn bitten.

Für die Lehrer, Priester, Diakone, Sänger und den ganzen Klerus der Kirche laßt uns den Herrn bitten.

Für alle frommen Könige und gottliebenden Fürsten, für die Heerführer und ihre Heere laßt uns den Herrn bitten.

Für die Seelen der Verstorbenen, die im wahren und rechten Glauben in Christus entschlafen sind, laßt uns den Herrn bitten.

Abermals laßt uns um die Einheit unseres wahren und heiligen Glaubens den Herrn bitten.

Laßt uns selbst und einander dem Herrn, dem allmächtigen Gott, empfehlen.

Chor: *Dir, o Herr, seien wir empfohlen.*

Erbarme dich unser, o Herr, unser Gott, nach deinem großen Erbarmen. Laßt uns alle einstimmig rufen:

Chor: *Herr, erbarme dich. Herr, erbarme dich. Herr, erbarme dich.*

Der Priester betet inzwischen mit ausgebreiteten Armen still folgendes Gebet: *Herr, unser Gott, nimm die mit ausgebreiteten Armen verrichteten Gebete deiner Diener gnädig auf und erbarme dich*

unser nach der Fülle deiner Barmherzigkeit. Deine Milde sende herab über uns, über das ganze Volk, das die Augen gerichtet hat auf deine überreiche Barmherzigkeit.
Diakon: *Gib den Segen, Herr.*
Priester: *Denn ein barmherziger und menschenliebender Gott bist du in Wahrheit und dir gebührt Herrlichkeit, Macht und Ehre, jetzt und allezeit und in die Ewigkeit der Ewigkeit. Amen.*

In der Mitte wird ein Pult aufgestellt und einer aus den Lektoren liest vor. Lesungen aus dem Alten Testament sind nicht mehr üblich, nur noch die beiden Psalmverse, die unserm Graduale entsprechen; darauf die Epistel des Tages und der Gesang des Alleluja.

Diakon: *Stehet auf!* (Orthi)
Priester: *Friede allen!*
Chor: *Und mit deinem Geiste.*
Diakon: *Höret in Ehrfurcht! Das heilige Evangelium nach (Matthäus).*
Chor: *Ehre dir, Herr, unser Gott!*
Diakon: *Seien wir aufmerksam!*
Chor: *Gott ist es, der da spricht.*
Der Diakon singt nun das Evangelium des Tages; danach der Chor abermals: *Ehre sei dir, Herr, unser Gott!*

Der Diakon hält das Evangelienbuch empor und rezitiert zum Altar gewendet, während ein anderer Diakon gleichzeitig den Altar und die ganze Kirche beräuchert, das Symbolum: *Wir glauben an den einen Gott, den allmächtigen Vater, den Schöpfer des Himmels und der Erde, der sichtbaren und unsichtbaren Dinge. Und an den einen Herrn Jesus Christus, den Sohn Gottes, gezeugt von Gott dem Vater, der Eingeborene vor aller Zeit. Gott von Gott, Licht vom Lichte, wahrer Gott vom wahren Gott, gezeugt nicht geschaffen, gleichen Wesens mit dem Vater. Durch ihn ist alles geschaffen im Himmel und auf Erden, die sichtbaren und unsichtbaren Dinge. Um uns Menschen und um unserer Erlö-*

sung willen ist er vom Himmel herabgestiegen: er nahm Fleisch an, wurde Mensch, auf vollkommene Weise geboren von Maria, der heiligen Jungfrau, durch den Heiligen Geist. Von ihr nahm er Fleisch, Geist, Seele und alles, was am Menschen ist, in Wahrheit an und nicht nur dem Schein nach. Er wurde gemartert, gekreuzigt, begraben. Am dritten Tage stand er wieder auf, stieg mit demselben Leib zum Himmel und setzte sich zur Rechten des Vaters. Er wird wiederkommen mit diesem Leibe, um in der Herrlichkeit des Vaters zu richten die Lebenden und die Toten. Sein Reich wird ohne Ende sein. Wir glauben auch an den Heiligen Geist, den unerschaffenen und vollkommenen, der vom Vater ausgeht; er hat gesprochen durch das Gesetz und die Propheten und die Evangelisten. Er ist herabgestiegen in den Jordan, verkündete den Gesandten (Messias) und wohnte in den Heiligen. Wir glauben auch an die eine, allgemeine, apostolische und heilige Kirche. An die eine Taufe, an die Buße zur Sühnung und Vergebung der Sünden, an die Auferstehung der Toten, an das ewige Gericht der Seelen und Leiber, an das Reich des Himmels und ein ewiges Leben. Amen.

Aber die da sagen: Es war eine Zeit, da der Sohn nicht wahr, oder es war eine Zeit, da der Heilige Geist nicht war, oder daß sie aus Nichts geschaffen seien; oder die da sagen, der Sohn Gottes oder der Heilige Geist seien aus einem anderen Wesen hervorgebracht und daß sie dem Wechsel unterworfen und veränderlich seien, solche anathematiziert die katholische und apostolische Kirche.

Diakon: *Gib den Segen, Herr!*

Priester: *Wir aber wollen anbetend preisen die vor allen Ewigkeiten seiende heilige Dreieinigkeit und die eine Gottheit des Vaters und des Sohnes und des Heiligen Geistes, jetzt und allezeit und in die Ewigkeit der Ewigkeit. Amen.*

Der Diakon stellt das Evangelienbuch an seinen Platz zurück und singt dann die folgende Ektenie:

In Frieden lasset uns beten zum Herrn.

Chor: *Herr erbarme dich.*

Diakon: *In dieser Stunde des Dienstes und des Gebetes laßt uns mit festem Glauben von Gott, unserm Herrn und Heiland, erflehen und erbitten, daß er (unsere Bitten) annehme und die Stimme unseres Gebetes erhöre; daß er die Bitten unserer Herzen der Annahme würdige, unsere Sünden erlasse, sich unser erbarme; daß unser Gebet und unser Bitten allezeit vor seine große Herrlichkeit kommen und daß er uns die Gnade schenke, einmütig in einem Glauben, in Gerechtigkeit uns der guten Werke zu befleißigen; damit er die Gnade der Erbarmung über uns herabgieße, er der allmächtige Herr; daß er uns erhalte und sich erbarme.*

Chor: *Erhalte, o Herr.*

Diakon: *Daß wir die Stunde dieses heiligen Opfers und den bevorstehenden Tag in Frieden verbringen, erbitten wir vom Herrn.*

Chor: *Gewähre, o Herr.*

Diakon: *Den Engel des Friedens, den Beschützer unserer Seelen, erbitten wir vom Herrn.*

Verzeihung und Vergebung unserer Sünden erbitten wir vom Herrn.

Die große und mächtige Kraft des heiligen Kreuzes zur Hilfe unserer Seelen erbitten wir vom Herrn.

Die Einheit unseres wahren und heiligen Glaubens erbitten wir vom Herrn.

Empfehlen wir uns und einander dem Herrn, dem allmächtigen Gott.

Chor: *Dir, o Herr, laßt uns empfohlen sein.*

Diakon: *Erbarme dich unser, o Herr unser Gott, nach deiner großen Barmherzigkeit. Laßt uns alle einstimmig sprechen:*

Chor: *Herr, erbarme dich. Herr, erbarme dich. Herr, erbarme dich.*

Diakon: *Gib den Segen, Herr.*

Priester (still): *Unser Herr und Erlöser Jesus Christus, der du groß bist in deiner Barmherzigkeit und reich an Geschenken deiner Güte, der du nach deinem Willen in dieser Stunde die Schmerzen des Kreuzes und des Todes wegen unserer Sünden gelitten und reichlich die Gaben deines Heiligen Geistes den seligen Aposteln mitgeteilt hast. Mach auch uns teilhaftig, o Herr, wir bitten dich, deiner göttlichen Geschenke, der Vergebung der Sünden und des Empfangs deines Heiligen Geistes* (laut:)

Damit wir würdig werden unter Danksagung dich zu verherrlichen mit dem Vater und dem Heiligen Geiste, jetzt und allezeit und in die Ewigkeit der Ewigkeit. Amen. Friede allen.

Chor: *Und mit deinem Geiste.*

Diakon: *Lasset uns Gott anbeten.*

Chor: *Vor dir, o Herr.*

Priester: *In deinem Frieden, der alle Einsicht und Worte übersteigt, befestige uns, o Christus unser Erlöser, und bewahre uns vor allem Übel. Geselle uns unter deine wahren Anbeter, die dich im Geiste und in der Wahrheit anbeten. Denn der heiligen Dreieinigkeit gebührt Herrlichkeit, Macht und Ehre, jetzt und allezeit und in die Ewigkeit der Ewigkeit. Amen.*

Gebenedeit sei unser Herr Jesus Christus.

Chor: *Amen.*

Diakon: *Gib den Segen, Herr.*

Priester: *Der Herr unser Gott segne alle.*

Diakon: *Niemand von den Katechumenen. Niemand von den Ungläubigen. Niemand von den Büßenden und von den Unreinen nähere sich den göttlichen Mysterien.*

Chor: *Des Herren Leib und des Erlösers Blut wird gegenwärtig sein. Die himmlischen Mächte singen unsichtbar und sprechen mit ununterbrochener Stimme: Heilig, heilig, heilig, Herr der Heerscharen.*

MESSE DER GLÄUBIGEN
(Opfergottesdienst)

Diakon: *Singt Psalmen dem Herrn unserm Gott, ihr Sänger, mit lieblicher Stimme geistliche Lieder.*

Der Chor beginnt nun mit dem Gesang der Cherubim, der an bestimmten Tagen eine eigene Fassung aufweist. An Sonntagen lautet er: *Mit der Ordnung der Engel hast du erfüllt, o Gott, deine heilige Kirche. Tausendmal tausend Erzengel stehen vor dir und Myriaden von Myriaden Engel dienen dir, o Herr. Und es gefiel dir, von den Menschen den mit mystischer Stimme gesungenen Lobpreis anzunehmen: Heilig, heilig, heilig, Herr der Heerscharen.*

Währenddessen nimmt einer der Diakone die heiligen Gefäße mit den Opfergaben und trägt sie von rechts nach links hinter dem Altar herum und bleibt dann stehen, indem er die Opfergaben gegen das Volk hin emporhält. Der Priester hat inzwischen den Altar inzensiert, dann wendet er sich dem Diakon zu, nimmt von ihm die heiligen Gefäße in Empfang, zeigt sie dem Volk und legt sie dann auf dem Altar nieder. Zuvor aber hat er folgendes Gebet still zu sprechen: *Keiner, der ein Sklave ist seiner fleischlichen Begierden und Leidenschaften, ist würdig sich dir zu nahen und hinzutreten, um den heiligen Dienst zu verrichten vor dir, dem König der Herrlichkeit. Denn dir zu dienen ist groß und furchtbar selbst für die himmlischen Mächte. Aber gleichwohl bist du aus unaussprechlicher Güte, du unbegreiflicher Logos des Vaters, Mensch geworden und als unser Hoherpriester erschienen. Und als Herr von allem hast du uns diesen Dienst und das unblutige Opfer als Priester anvertraut. Du bist der Herr, unser Gott, der du thronst über Himmlischem und Irdischem, sitzend auf dem Thron der Cherubim, als Herr der Seraphim und als König Israels. Du allein bist heilig und ruhst in den Heiligen. Dich nun flehe ich an, den allein Guten und Gnädigen: sieh auf mich Sünder, deinen unnützen Knecht, und reinige meinen Geist und mein Herz von aller Befleckung des Bösen. Und mache mich fähig durch die Kraft deines Heiligen Geistes vor diesem heiligen Altar zu stehen und den Dienst an deinem heiligen, unbefleckten Leib und deinem kostbaren Blut würdig zu verrichten. Vor dir beuge ich meinen Nacken und flehe dich an: wende dein Angesicht nicht ab von mir und verstoße mich nicht aus der Zahl deiner Diener, sondern mache mich würdig, diese Opfergaben darzubringen, obwohl ich ein unnützer Knecht bin. Denn du bist es ja, der opfert und der geopfert wird, der Empfangende und Gebende, Christus, unser Gott. Und dir bringe ich Ehre dar mit deinem anfanglosen Vater und dem allheiligen und gütigen Geiste, jetzt und allezeit und in die Ewigkeit der Ewigkeit. Amen.*

Wenn die Opfergaben auf dem Altar niedergelegt sind, wäscht der Priester die Hände und spricht dann still das folgende Opfergebet: *Herr, Gott der Heerscharen, Schöpfer aller Wesen, der du bei der Erschaffung (der Welt) das All aus dem Nichts hervorgebracht hast und unsere irdische Natur liebevoll ehrend zum Dienst eines so furchtbaren und unaussprechlichen Mysteriums bestimmt hast: Du o Herr, dem wir dieses Opfer darbringen, nimm von uns die Darbringung an und verwandle sie in das Mysterium des Leibes und Blutes deines Eingeborenen. Mache sie denen, die von diesem Brote und Kelche genießen, zu einem Heilmittel der Vergebung der Sünden.*

Diakon: *Laßt uns den Herrn in Frieden bitten.*
Chor: *Herr, erbarme dich.*
Diakon: *Laßt uns mit noch größerem Glauben und in Heiligkeit vor dem heiligen Altar Gottes in Ehrfurcht beten, nicht mit bösem Gewissen und bösem Beispiel, nicht in Arglist und Schlauheit, nicht mit Betrug und Täuschung, nicht mit Zweifel und Kleingläubigkeit, sondern mit rechtem Wandel, einfachem Verstand, einfältigem Herzen, vollkommenem Glauben, vollendeter Liebe, angefüllt mit allen guten Werken. Laßt uns beten vor dem heiligen Altar Gottes und wir werden die Gnade des Erbarmens finden am Tage der Offenbarung und Wiederkunft unseres Herrn und Erlösers Jesus Christus. Er möge uns erhalten und sich unser erbarmen.*
Chor: *Erhalte, o Herr, und erbarme dich.*
Diakon: *Gib den Segen, Herr.*
Priester: *Durch die Gnade und Menschenliebe unseres Herrn und Erlösers Jesus Christus, mit dem dir,*

Vater, und dem Heiligen Geiste Herrlichkeit, Macht und Ehre wird, jetzt und allezeit und in die Ewigkeit der Ewigkeit. Amen. Friede allen.

Chor: *Amen. Und mit deinem Geiste.*
Diakon: *Lasset uns Gott anbeten.*
Chor: *Vor deinem Angesicht, o Herr.*
Diakon: *Grüßet einander mit heiligem Kuß. Diejenigen aber, denen es nicht zusteht an den göttlichen heiligen Mysterien teilzunehmen, sollen sich zur Tür begeben und beten.*

Nun küssen die Diakone dem Priester die Ärmel, um ihm so den Friedenskuß zu erteilen. Der Archidiakon begibt sich zum Chor und erteilt ihn dem ersten der Sänger, indem er diesen das Weihrauchfaß küssen läßt. Der Diakon beräuchert dann den Altar und das Volk ringsum. Währenddessen singt der Chor: *Christus ist in unserer Mitte erschienen. Gott, der Seiende, hat hier seinen Thron aufgeschlagen. Die Stimme des Friedens ist ertönt, der Befehl zum heiligen Gruße ist gegeben, die Liebe hat sich überallhin verbreitet. Nun denn, ihr Diener, erhebet eure Stimme und lobpreist einmütig die eine Gottheit, der die Seraphim das Heilig singen.*

Danach beginnt die Einleitung zum eucharistischen Hochgebet mit dem Ruf des Diakons: *Die ihr mit Glauben steht vor diesem heiligen königlichen Altar, schaut auf Christus, den König auf seinem Thron, umgeben von himmlischen Heerscharen.*
Chor: *Mit in der Höhe erhobenen Augen flehen wir und sprechen: Gedenke nicht unserer Sünden, sondern sühne sie durch deine Güte. Mit den Engeln loben wir dich und mit den Heiligen (singen wir): Herr, Ehre sei dir.*
Diakon: *Laßt uns in Furcht und Ehrerbietung stehen und mit Aufmerksamkeit hinblicken.*
Chor: *Zu dir, o Gott.*
Diakon: *Christus, das unbefleckte Lamm Gottes, bringt sich als Opfer dar.*
Chor: *Erbarmung und Frieden und ein Opfer des Lobes.*

DAS EUCHARISTISCHE HOCHGEBET

Diakon: *Gib den Segen, Herr.*

Priester: *Die Gnade, Liebe und die göttliche, heiligmachende Kraft des Vaters und des Sohnes und des Heiligen Geistes sei mit euch allen.*

Chor: *Amen. Und mit deinem Geiste.*

Diakon: *Die Türen, die Türen (bewacht) mit aller Weisheit und Vorsicht. Erhebet euern Sinn mit Gottesfurcht!*

Chor: *Wir haben ihn zu dir, allmächtiger Herr, erhoben.*

Diakon: *Und danket dem Herrn von ganzem Herzen.*

Chor: *Es ist würdig und recht.*

Priester (still): *Es ist in Wahrheit würdig und recht, dich allmächtigen Vater mit immerwährendem Eifer anzubeten und zu verherrlichen, der du mit deinem unerforschlichen und mitschöpferischen Logos das Hindernis des Fluches hinweggenommen hast. Er (der Logos) hat die Kirche als seine Gemeinde angenommen und sich die an dich Glaubenden zum Eigentum erkoren. Mit sichtbarer Natur, die er aus dem Schoße der heiligsten Jungfrau angenommen, hat er sich herabgelassen unter uns zu wohnen, und indem er ein neues Werk auf göttlich wunderbare Weise erbaute, hat er die Erde zum Himmel gemacht. Vor ihm vermögen die Chöre der Wachenden (Engel) nicht zu stehen, erschreckt von dem glänzenden und unnahbaren Licht der Gottheit. Er ist Mensch geworden, um uns zu erlösen und hat uns die Gnade verliehen mit denen im Himmel geistig im Chor zu feiern.* (laut:) *Und mit den Seraphim und Cherubim einstimmig das Heilig zu singen und voll Vertrauen laut zu rufen und mit ihnen zu sprechen:*

Chor: *Heilig, heilig, heilig, Herr der Heerscharen. Himmel und Erde sind erfüllt von deiner Herrlichkeit. Hosanna in der Höhe. Gebenedeit bist du, der du kamst und kommen wirst im Namen des Herrn. Hosanna in der Höhe.*

Während sie singen, betet der Priester mit ausgestreckten Armen still: *Heilig, heilig, heilig bist du wahrhaftig und über alles heilig. Wer mag sich rühmen, die Erweise deiner unendlichen Güte in Worte zu fassen. Schon von Anfang an hast du für den in Sünde gefallenen Menschen Sorge getragen und auf mannigfache Weise durch die Propheten, durch die Übergabe des Gesetzes und das Vorbild der Darbringung von Opfergaben getröstet. In diesen letzten Tagen aber hast du die Verdammungsschrift all unserer Sünden zerrissen und uns deinen eingeborenen Sohn gegeben als Schuldner und als Schuld, als Schlachtopfer und als Gesalbter, als Lamm und als himmlisches Brot, als Hoherpriester und als Opfergabe. Denn er selbst teilt aus und er selbst wird ausgeteilt unter uns, ohne aufgezehrt zu werden. Er ist in Wahrheit und nicht dem Schein nach Mensch geworden und hat in unvermischter Vereinigung von der Gottesgebärerin Maria Fleisch angenommen; er wandelte mit allen Leiden des menschlichen Lebens unter uns, die Sünde ausgenommen, und stieg (dann) freiwillig an das die Welt erlösende Kreuz, er die Ursache unseres Heils. Er nahm das Brot in seine heiligen, göttlichen, unbefleckten und ehrwürdigen Hände, segnete es, sprach das Dankgebet, brach es und gab es seinen auserwählten, heiligen Jüngern, die mit ihm zu Tische saßen, indem er sprach:*

Diakon: *Gib den Segen, Herr.*

Priester: *Nehmet, esset: das ist mein Leib, der für euch und für viele hingegeben wird zur Sühne und Vergebung der Sünden.*

Chor: *Amen.*

Priester (inzwischen still): *Auf gleiche Weise nahm er auch den Kelch, segnete ihn, sprach das Dankgebet, trank daraus und gab ihn seinen auserwählten, heiligen und mit ihm zu Tisch sitzenden Jüngern, indem er sprach:*

Diakon: *Gib den Segen, Herr.*

Priester: *Trinket alle daraus: das ist mein Blut des Neuen Bundes, das für euch und für viele vergossen wird zur Sühne und Vergebung der Sünden.*

Chor: *Amen. Himmlischer Vater, der du deinen Sohn für uns in den Tod gegeben hast, als Sühnopfer für unsere Schuld. Wir bitten dich durch die Vergießung seines Blutes: erbarme dich dieser deiner geistigen Gemeinde.*

Priester (still): *Dieses immerfort zu seiner Erinnerung zu tun, gab uns dein gütiger, eingeborener Sohn den Auftrag. Und er stieg hinab in den finsteren Ort des Todes mit seinem Fleische, das er von unserer Natur angenommen hat. Er zerbrach als Sieger die Riegel der Unterwelt und offenbarte dich uns als der allein wahre Gott, der Gott der Lebenden und der Toten.*

Der Priester nimmt die Opfergaben in die Hände und fährt still weiter: *Gemäß dieser Anordnung also gedenken wir, o Herr, indem wir das Mysterium des erlösenden Leibes und Blutes deines Eingeborenen darbringen, des heilbringenden Leidens für uns, der lebenspendenden Kreuzigung, der dreitägigen Grabesruhe, der seligen Auferstehung, der in der Kraft Gottes vollbrachten Himmelfahrt, des Sitzens zu deiner Rechten, o Vater. Wir bekennen und preisen seine furchtbare, herrliche Wiederkunft.*

Diakon: *Gib den Segen, Herr.*

Priester (den Kelch emporhaltend): *Wir opfern dir das Deinige von dem Deinigen, in allem und für alles.*

Chor: *In allem bist du gebenedeit, o Herr. Wir loben dich, wir preisen dich, wir danken dir und beten zu dir, Herr, unser Gott.*

Priester (still): *Ja, dich loben wir, Herr unser Gott, dir danken wir ohne Unterlaß, daß du uns, ungeachtet unserer Unwürdigkeit, zu Dienern eines so furchtbaren und unaussprechlichen Mysteriums gemacht hast; nicht wegen unserer Verdienste, woran wir ganz leer sind und entblößt erfunden werden allezeit, sondern in vollem Vertrauen auf deine überreiche Güte wagen wir uns zu nahen dem Dienste des Leibes und Blutes deines Eingeborenen, unseres Herrn und Erlösers Jesus Christus. Ihm gebührt Herrlichkeit, Macht und Ehre, jetzt und allezeit und in die Ewigkeit der Ewigkeit. Amen.*

Diakon: *Gib den Segen, Herr.*

Priester: *Friede allen.*

Chor: *Und mit deinem Geiste.*

Diakon: *Laßt uns Gott anbeten.*

Chor: *Vor deinem Angesicht, o Herr. Sohn Gottes, der du dem Vater zur Versöhnung geopfert wirst, teile das Brot des Lebens unter uns aus. Durch die Vergießung deines heiligen Blutes bitten wir dich: erbarme dich der durch dein Blut erlösten Gemeinde.*

Der Priester spricht nun die Worte der Epiklese, wobei er dreimal den Altar küßt und in tiefer Verneigung still betet: *Wir beten dich an, wir bitten dich und flehen zu dir, o gütiger Gott, sende über uns und diese dargebrachten Gaben deinen Heiligen Geist, der mit dir ewig und gleichen Wesens ist.* (Sich erhebend und das Kreuzzeichen über die Opfergaben machend:) *Durch den du dieses gesegnete Brot in den Leib unseres Herrn und Erlösers Jesus Christus verwandeln mögest. Und den gesegneten Kelch in das Blut unseres Herrn und Erlösers Jesus Christus wahrhaftig verwandeln mögest. Durch den du dieses gesegnete Brot und diesen Kelch wahrhaftig zum Leib und Blut unseres Herrn und Erlösers Jesus Christus machen mögest, sie verwandelnd durch deinen Heiligen Geist.*

Diakon: *Gib den Segen, Herr.*

Damit es uns allen, die wir hinzutreten und davon genießen, nicht zur Verdammnis gereiche, sondern zur Lossprechung, Versöhnung und Verzeihung der Sünden.

Chor: *Amen. Du Geist Gottes, der du, vom Himmel herabgestiegen, das Mysterium deines Mitverherrlichten in unseren Händen vollziehst, durch die Vergießung seines Blutes bitten wir dich: Gib Ruhe den Seelen unserer Entschlafenen.*

Priester (still): *Verleihe dadurch Liebe, Festigkeit und den erwünschten Frieden der ganzen Welt, der heiligen Kirche, allen rechtgläubigen Bischöfen, Priestern und Diakonen, den Königen der Welt, den Fürsten, den Völkern, den Reisenden, Schiffahrern, Gefangenen, den in Gefahr Schwebenden, Mutlosen und denen, die sich im Krieg mit Barbaren befinden. Verleihe dadurch auch eine gute Witterung und Fruchtbarkeit der Felder und baldige Gesundheit denen, die an verschiedenen Krankheiten leiden. Laß dadurch auch alle bereits in Christus Entschlafenen ruhen, die Bischöfe, Priester, Diakone und alle im Glauben dahingeschiedenen Männer und Frauen.*

GEDÄCHTNIS DER HEILIGEN, DER LEBENDEN UND TOTEN

Diakon: *Gib den Segen, Herr.*

Priester: *Mit diesen suche auch uns heim, gütiger Gott: wir bitten dich.*

Chor: *Gedenke, o Herr, und erbarme dich.*

Priester: *Der Gottesgebärerin und heiligen Jungfrau Maria, Johannes des Täufers, Stephanus des ersten Märtyrers und aller Heiligen geschehe Erinnerung bei diesem heiligen Opfer: wir bitten dich.*

Chor: *Gedenke, o Herr, und erbarme dich.*

Die Diakone begeben sich auf die rechte Seite des Altars und singen: *Der heiligen Apostel, Propheten, Lehrer, Märtyrer und aller heiligen Väter, der apostolischen Bischöfe, Priester, rechtgläubigen Diakone und aller Heiligen geschehe Erinnerung bei diesem heiligen Opfer: wir bitten dich.*

Chor: *Gedenke, o Herr, und erbarme dich.*

Diakon: (An Sonntagen:) *Wir beten an die gesegnete, gepriesene und verherrlichte, wunderbare und göttliche Auferstehung.* (An Heiligenfesten:) *Der heiligen und gottgefälligen Apostel (Märtyrer) N. N., deren Gedächtnis wir heute begehen, geschehe Erinnerung bei diesem heiligen Opfer: wir bitten dich.*

Chor: *Gedenke, o Herr, und erbarme dich.*

Diakon: *Unserer Führer und ersten heiligen Erleuchter, der Apostel Thaddäus und Bartholomäus, und Gregors des Erleuchters, Aristages, Vertanes, Husig, Gregors, Nerses, Isaak, Daniel und Chad, des Lehrers Mesrop, Gregors von Nareg, Nerses von Kla und aller heiliger Hirten und Erzhirten Armeniens geschehe Erinnerung bei diesem heiligen Opfer: wir bitten dich.*

Chor: *Gedenke, o Herr, und erbarme dich.*

Diakon: *Der heiligen Einsiedler, der tugendliebenden und gottgelehrten Mönche Paulus, Antonius, Onophrius, des Abtes Markus, Serapion, Nilus, Arsenius, Evagrius, der Johanniter und Simoniter, der Osgians und Sukiasians, aller heiligen Väter und ihrer Schüler in der ganzen Welt geschehe Erinnerung bei diesem heiligen Opfer: wir bitten dich.*

Chor: *Gedenke, o Herr, und erbarme dich.*

Diakon: *Der gläubigen heiligen Könige, des Abgar, Konstantin, Trdat und Theodosius und aller heiligen und frommen Könige und gottliebenden Fürsten geschehe Erinnerung bei diesem heiligen Opfer: wir bitten dich.*

Chor: *Gedenke, o Herr, und erbarme dich.*

Diakon: *Der Gesamtheit aller Gläubigen, Männer und Frauen, Greise und Kinder, und aller in jedem Alter im Glauben und in der Heiligkeit in Christus Verstorbenen geschehe Erinnerung bei diesem heiligen Opfer: wir bitten dich.*

Chor: *Gedenke, o Herr, und erbarme dich.*

Die Diakone begeben sich auf die linke Seite des Altars. Der Priester betet inzwischen still: *Gedenke, o Herr, und erbarme dich und segne deine heilige katholische und apostolische Kirche, die du durch das ehrwürdige Blut deines Eingeborenen erlöst und durch das heilige Kreuz befreit hast: verleihe ihr unerschütterlichen Frieden. Gedenke, o Herr, und erbarme dich und segne alle rechtgläubigen Bischöfe, die in der rechten Lehre bei uns das Wort der Wahrheit verkünden.*

Diakon: *Gib den Segen, Herr.*

Priester: *Vor allem erhalte uns den obersten Bischof und ehrwürdigen Patriarchen von ganz Armenien N. (unsern Erzbischof, Bischof N.) durch lange Zeit in der orthodoxen Lehre.*

Diakon: *Dank und Preis bringen wir dir dar, Herr unser Gott, wegen dieses heiligen und unsterblichen Opfers, das auf diesem Altar (liegt), damit du es uns zur Heiligung des Lebens schenkst. Verleihe uns dadurch Liebe, Festigkeit und den erwünschten Frieden für die ganze Welt, für die heilige Kirche und alle orthodoxen Bischöfe, vor allem für unseren obersten Bischof und ehrwürdigen Patriarchen von ganz Armenien N. (unseren Erzbischof, Bischof N.) und für den Priester, der dieses Opfer darbringt. Ebenso (bitten wir) für die Macht und den Sieg der christlichen Könige und der frommen Fürsten. Lasset uns bitten und flehen auch für die Seelen der Entschlafenen, vor allem für unsere verstorbenen Lehrer, für die Erbauer dieser heiligen Kirche und alle, die in ihrem Schatten ruhen. Für die Befreiung unserer gefangenen Brüder und Gnade dem anwesenden Volk, für die Ruhe der im Glauben und in der Heiligkeit in Christus Vollendeten.*

Chor: *Und aller und jeder.*

Priester (inzwischen still): *Gedenke, o Herr, und erbarme dich und segne dein Volk, das hier versammelt ist, und diejenigen, welche dieses Opfer darbringen lassen, und schenke ihnen zudem alles Notwendige und Nützliche.*

Gedenke, o Herr, und erbarme dich und segne diejenigen, die ihre Gelöbnisse und Gaben in deiner heiligen Kirche darbringen; auch jene, die sich der Armen voll Mitleid annehmen und vergelte ihnen in deiner dir eigenen Freigiebigkeit hundertfach sowohl in diesem als auch im zukünftigen Leben.

Gedenke, o Herr, und erbarme dich und sei den Seelen der Verstorbenen gnädig. Gib ihnen die Ruhe, erleuchte sie und reihe sie ein unter deine Heiligen im Himmelreich und mache sie deiner Erbarmungen würdig.

Gedenke auch, o Herr, der Seele deines Dieners (deiner Dienerin) N. und erbarme dich ihrer nach deiner großen Barmherzigkeit. Laß sie huldvoll sich im Glanz deines Angesichts erfreuen (wenn er noch lebt:) *erlöse ihn vor jeder Gefahr der Seele und des Leibes.*

Gedenke, o Herr, auch jener Lebenden oder Verstorbenen, die sich unserem Gebet empfohlen haben: führe ihr und unser Verlangen zum rechten und heilsamen Ziel und verleihe allen als Lohn die unvergängliche Seligkeit. Reinige unsere Gedanken und mache uns zum Tempeln, damit wir würdig den Leib und das Blut deines Eingeborenen, unseres Herrn und Erlösers Jesus Christus, empfangen können. Dem mit dir, allmächtiger Vater, samt dem lebenspendenden und freimachenden Heiligen Geist Lobpreis, Macht und Ehre gebührt jetzt und allezeit und in die Ewigkeit der Ewigkeit. Amen.

Diakon: *Gib den Segen, Herr.*

Priester (sich zum Volk wendend): *Die Erbarmung des großen Gottes und unseres Erlösers Jesus Christus sei mit euch allen.*

Chor: *Amen. Und mit deinem Geiste.*

Diakon: *In Frieden lasset uns beten zum Herrn.*

Chor: *Herr, erbarme dich* (auch bei den folgenden Bitten)

Diakon: *Mit allen Heiligen, deren wir gedacht haben, lasset uns noch inständiger beten zum Herrn.*

Durch das dargebrachte heilige und göttliche Opfer, das auf diesem Altar (liegt), lasset uns beten zum Herrn.

Auf daß der Herr, unser Gott, der es aufnahm auf seinen heiligen, himmlischen und geistigen Opferaltar, uns dafür die Gnaden und die Gaben des Heiligen Geistes herabsende, lasset uns beten zum Herrn.

Nimm an, errette und erbarme dich und bewahre uns, o Herr, durch deine Gnade.

In Erinnerung an die allheilige Gottesgebärerin und immerwährenden Jungfrau Maria samt allen Heiligen lasset uns beten zum Herrn.

Um die Einheit unseres wahren und heiligen Glaubens lasset uns beten zum Herrn.

Laßt uns unsere Seelen und einander dem Herrn, dem allmächtigen Gott empfehlen.

Chor: *Dir, o Herr, seien wir empfohlen.*

Diakon: *Erbarme dich unser, Herr unser Gott, nach deiner großen Barmherzigkeit. Laßt uns alle einmütig sprechen:*

Chor: *Herr, erbarme dich. Herr, erbarme dich. Herr, erbarme dich.*

Priester (inzwischen still): *Gott der Wahrheit und Vater der Erbarmung, wir danken dir, daß du unsere schuldbeladene Natur höher als die der seligen Patriarchen erhoben hast; denn von ihnen wurdest du ihr Gott genannt, von uns aber gefiel es dir aus Liebe, Vater genannt zu werden. Und nun, Herr, bitten wir dich, daß diese neue und ehrwürdige Benennung in deiner heiligen Kirche von Tag zu Tag immer herrlicher erblühe.*

VATER UNSER UND INKLINATIONSGEBET

Diakon: *Gib den Segen, Herr.*

Priester: *Und würdige uns mit Vertrauen und ohne Schuld dich, den himmlischen Vater, anzurufen, zu singen und zu beten:*

Während der Archidiakon den Altar und das Volk beräuchert, singt der Chor: *Vater unser im Himmel, geheiligt werde dein Name. Dein Reich komme. Dein Wille geschehe wie im Himmel so auf Erden. Unser tägliches Brot gib uns heute und vergib uns unsere Schuld, wie auch wir vergeben unsern Schuldigern. Und führe uns nicht in Versuchung, sondern erlöse uns von dem Bösen.*

Priester (inzwischen still): *Herr der Herren, Gott der Götter, ewiger König, Schöpfer aller Kreatur, Vater unseres Herrn Jesus Christus, führe uns nicht in Versuchung, sondern erlöse (uns) vom Bösen und bewahre uns vor der Versuchung.*

Diakon: *Gib den Segen, Herr.*

Priester: *Denn dein ist das Reich und die Macht und die Herrlichkeit in die Ewigkeit der Ewigkeit. Amen. Friede allen.*

Chor: *Und mit deinem Geiste.*

Diakon: *Laßt uns Gott anbeten.*

Chor: *Vor deinem Angesicht, o Herr.*

Priester (still): *Der du die Quelle des Lebens und der Ursprung der Erbarmung bist, Heiliger Geist, erbarme dich dieses Volkes, das zur Erde gebeugt deine Gottheit anbetet. Bewahre sie unversehrt, präge ihren Seelen jene Eigenschaft ein, die durch die Haltung des Körpers angezeigt wird, damit es zum Anteil und zur Erbschaft deiner künftigen Güter gelange.*

Diakon: *Gib den Segen, Herr.*

Priester: *Durch Jesus Christus, unsern Herrn, mit dem dir, Heiliger Geist, und dem allmächtigen Vater Herrlichkeit, Macht und Ehre gebührt, jetzt und allezeit und in die Ewigkeit der Ewigkeit. Amen.*

ELEVATION UND EUCHARISTISCHER SEGEN

Diakon: *Seien wir aufmerksam.*

Priester (die Hostie erhebend): *Das Heilige den Heiligen!*

Chor: *Einer ist heilig, einer der Herr, Jesus Christus in der Herrlichkeit Gottes des Vaters. Amen.*
Priester: *Gebenedeit (sei) der Vater, der heilige, wahrhafte Gott.*
Chor: *Amen.*
Gebenedeit (sei) der Sohn, der heilige, wahrhafte Gott. — Amen.
Gebenedeit (sei) der Heilige Geist, der wahrhafte Gott. — Amen.

Nachdem der Priester die Hostie auf die Patene zurückgelegt und den Kelch erhoben hat, singt er: *Lob und Preis dem Vater und dem Sohn und dem Heiligen Geist, jetzt und allezeit und in die Ewigkeit der Ewigkeit.*
Chor: *Amen. Heiliger Vater, Heiliger Sohn, Heiliger Geist. Lob und Preis dem Vater, dem Sohn und dem Heiligen Geist, jetzt und allezeit in die Ewigkeit der Ewigkeit. Amen.*
Priester (still): *Unser Herr Jesus Christus, blicke vom Himmel, deinem Heiligtum und von dem Thron der Herrlichkeit deines Reiches: komm uns zu heiligen und zu erretten, der du bei deinem Vater sitzest und hier geopfert wirst. Würdige dich uns von deinem unbefleckten Leib und deinem kostbaren Blut zu geben und durch unsere Hände all diesem Volk.*

Er stellt den Kelch wieder auf den Altar und betet still weiter: *Herr unser Gott, der du uns nach dem Namen deines eingeborenen Sohnes Christen genannt und uns verliehen hast, durch das Bad der Vergebung in einer geistigen Taufe Verzeihung der Sünden zu erlangen und uns würdig gemacht hast, teilzunehmen am Leib und Blut deines Eingeborenen: wir bitten dich nun, mache uns würdig, dieses heilige Mysterium zur Vergebung der Sünden zu empfangen und dich mit Dank zu verherrlichen, zusammen mit dem Sohn und dem Heiligen Geist, jetzt und allezeit und in die Ewigkeit der Ewigkeit. Amen.*

Diakon: *Gib den Segen, Herr.*
Priester nimmt den Kelch in die linke und die Hostie in die rechte Hand, dabei diese über den Kelch haltend und singt: *Vom allheiligen und kostbaren Leib und Blut unseres Herrn und Erlösers*

Jesus Christus laßt uns in Heiligkeit genießen. Er ist vom Himmel herabgestiegen und wird unter uns ausgeteilt.

Er wendet sich zum Volk, segnet es mit den heiligen Gestalten und singt: *Dieser ist das Leben, die Hoffnung, Auferstehung, Vergebung und Nachlassung der Sünden. Singt Psalmen unserm Herrn und Gott, singt Psalmen unserm himmlischen und unsterblichen König, ihm, der auf dem Thronwagen der Cherubim sitzt.*

Der Vorhang vor dem Altar wird zugezogen. Der Priester bricht die Hostie in drei Teile und betet still: *Welche Lobpreisung oder welche Danksagung sollen wir für dieses Brot und diesen Kelch aussprechen? Jesus, dich allein preisen wir samt dem Vater und dem allheiligen Geist, jetzt und allezeit und in die Ewigkeit der Ewigkeit. Amen.*

Ich bekenne und glaube, daß du Christus der Sohn Gottes bist, der die Sünden der Welt hinweggenommen hat.

Er läßt eine Hostienpartikel in den Kelch fallen und spricht dabei: *Vollendung des Heiligen Geistes. Christus, dir gebührt Dank.*

Währenddessen singen die Diakone: *Singt Psalmen dem Herrn, unserm Gott, ihr Sänger, mit lieblicher Stimme geistliche Lieder. Denn ihm gebühren Psalmen und Lobpreisungen, Alleluja und geistliche Lieder. Ihr Diener, singt Psalmen und Lieder und lobpreist den Herrn im Himmel.*

Chor: *Gott sei gebenedeit.*

KOMMUNION

Während der Priester die Vorbereitungsgebete zum Empfang der heiligen Kommunion verrichtet, singt der Chor: *Christus hat sich geopfert und teilt sich aus unter uns. Alleluja.*

Seinen Leib gibt er uns zur Speise und sein heiliges Blut gießt er über uns. Alleluja.

Tretet hin zum Herrn und empfangt das Licht. Alleluja.
Kostet und sehet, wie süß der Herr. Alleluja.
Preiset den Herrn im Himmel. Alleluja.
Preiset ihn in den Höhen. Alleluja.
Preiset ihn all seine Engel. Alleluja.
Preiset ihn all sein Kräfte. Alleluja.

Priester (still): *Heiliger Vater, der du uns nach dem Namen deines Eingeborenen genannt und durch das Bad der heiligen Taufe erleuchtet hast, mache uns würdig, dieses heilige Mysterium zur Vergebung der Sünden zu empfangen. Präge uns, wie einst den Aposteln, die Gnade deines Heiligen Geistes ein, die durch diese Gabe gespeist, die ganze Welt gereinigt haben. Mache daher, gütigster Vater, daß diese Kommunion die gleiche Wirkung hat wie das Abendmahl der Apostel und so die Finsternis meiner Seele hinwegnehme. Siehe nicht auf meine Unwürdigkeit und halte nicht zurück die Gnade deines Heiligen Geistes, sondern verleihe nach deiner unermeßlichen Menschengüte, daß dieses Mysterium uns zur Sühnung unserer Sünden und zur Tilgung unserer Schuld gereiche, wie unser Herr Jesus Christus verheißen hat: Wer mein Fleisch ißt und mein Blut trinkt, der wird leben in Ewigkeit. Laß dieses also uns zur Sühnung werden, damit alle, die davon essen und trinken, den Vater und den Sohn und den Heiligen Geist loben und preisen, jetzt und allezeit und in die Ewigkeit der Ewigkeit. Amen.*
Friede allen.
Ich danke dir, Christus König, der du mich Unwürdigen würdig gemacht hast, teilzunehmen an deinem Fleisch und Blut. Ich bitte dich jetzt, daß dieses mir nicht zur Verdammnis, sondern zur Sühne und Vergebung der Sünden, zur Wohlfahrt des Geistes und des Leibes und zur Vollbringung aller Werke der Tugend gereiche; damit es alle meine Gedanken, meinen Leib und meine Seele heilige und mich zum Tempel und zur Wohnung der heiligen Dreieinigkeit mache, um mit deinen Heiligen würdig zu werden dich mit dem Vater und dem Heiligen Geist zu verherrlichen, jetzt und allezeit und in die Ewigkeit der Ewigkeit. Amen.

Er spricht noch das Gebet des heiligen Johannes Chrysostomus (wie in der byzantinischen Liturgie) und empfängt dann voll Ehrfurcht den Leib und das Blut des Herrn, wobei er spricht: *Dein unbefleckter Leib sei mir zum Leben und dein heiliges Blut zur Sühnung und Vergebung der Sünden.*

Wenn der Diakon ebenfalls kommuniert hat, kehrt sich dieser mit dem Kelch zum Volk und singt laut, nachdem der Vorhang aufgezogen ist:
Mit Ehrfurcht und Glauben tretet herzu und nehmet teil in Heiligkeit.
Chor: *Unser Gott und Herr ist unter uns erschienen. Gebenedeit sei, der da kommt im Namen des Herrn.*

Nach der Austeilung der heiligen Kommunion an die Gläubigen singt der Priester, vom Altar aus diese mit der über dem Kelch erhobenen Hostie segnend: *Rette, o Herr, dein Volk und segne dein Erbe; weide und erhöhe es von jetzt an bis in Ewigkeit.*

Der Vorhang wird wieder geschlossen, während der Chor singt: *Wir sind erfüllt von deinen Gütern, o Herr, durch den Genuß deines Fleisches und Blutes. Ehre sei dir in der Höhe, der du uns gespeist. Sende über uns deinen geistlichen Segen, der du uns immer speist. Ehre sei dir in der Höhe, der du uns gespeist.*

Nach der Purifikation des Kelches betet der Priester still: *Wir danken dir, allmächtiger Vater, der du uns die heilige Kirche zu einem Hafen und zu einem Tempel der Heiligkeit bereitet hast, in dem die heilige Dreieinigkeit gepriesen wird. Alleluja.*
Wir danken dir, o Christus, König, der du uns mit deinem lebendigmachenden Leibe und Blute das Leben verliehen hast. Alleluja.
Wir danken dir, wahrhaftiger Heiliger Geist, der du die heilige Kirche erneuert hast, bewahre sie unerschütterlich im Glauben an die heilige Dreieinigkeit von nun an bis in Ewigkeit. Alleluja.

Diakon: *Laßt uns den Herrn wiederum in Frieden bitten.*

Chor: *Herr, erbarme dich.*

Diakon: *Da wir die göttlichen, heiligen, himmlischen, unsterblichen, unbefleckten und reinen Mysterien empfangen haben, lasset uns danken dem Herrn.*

Chor: *Wir danken dir, o Herr, der du uns an deinem unsterblichen Tisch gespeist hast, uns dabei schenkend dein Fleisch und Blut zum Heile der Welt und als Leben unserer Seelen.*

Priester (still): *Wir danken dir, Christus unser Gott, der du uns diese Speise deiner Güte zur Heiligung des Lebens verliehen hast, bewahre uns dadurch rein und unbefleckt und wohne bei uns mit deinem Schutz. Leite uns auf dem Weg deines heiligen und das Gute liebenden Willens, wodurch wir gegen alle Versuchungen des Teufels gestärkt und würdig werden, nur deine Stimme zu hören und dir allein, dem allmächtigen und wahren Hirten, nachzufolgen und den von dir im Himmelreich vorbereiteten Platz einzunehmen, du unser Gott, Herr und Erlöser Jesus Christus, der du gebenedeit bist mit dem Vater und dem Heiligen Geist, jetzt und allezeit und in die Ewigkeit der Ewigkeit. Amen.*

Friede allen.

Dir dem unbegreiflichen, unerforschlichen dreieinigen Wesen, der erschaffenden, erhaltenden und unzertrennlich wesensgleichen Dreieinigkeit gebührt Herrlichkeit, Macht und Ehre, jetzt und allezeit und in die Ewigkeit der Ewigkeit. Amen.

Diakon: *Gib den Segen, Herr.*

Priester: *Rette dein Volk und segne dein Erbe. Bewahre die Fülle deiner Kirche und heilige, die die Pracht deines Hauses in Liebe grüßen.*

Chor: *Amen.*

Priester: *Verherrliche uns durch deine göttliche Kraft und verlasse uns nicht, die wir auf dich hoffen. Verleihe deinen Frieden der ganzen Welt, den Kirchen, den Priestern, den christlichen Fürsten, ihren Heeren und dem ganzen Volke hier.*

Chor: *Amen.*

Priester: *Denn jede gute Gabe und jedes vollkommene Geschenk kommt von oben, von dir, dem Vater des Lichtes und dir gebührt Ruhm, Macht und Ehre jetzt und allezeit und in die Ewigkeit der Ewigkeit.*
Chor: *Amen. Der Name des Herrn sei gebenedeit von nun an bis in Ewigkeit (dreimal).*
Der Priester wendet sich zum Volk und singt: *Du bist die Vollendung des Gesetzes und der Propheten, Christus, unser Gott und Erlöser. Der du das ganze Heilswerk nach dem Willen deines Vaters vollbracht hast, erfülle auch uns mit deinem Heiligen Geiste.*

Diakon: *Stehet auf!*
Priester: *Friede allen.*
Chor: *Und mit deinem Geiste.*
Diakon: *Mit Ehrfurcht hört zu!*
Priester: *Das heilige Evangelium nach Johannes (1,1-17).*
Chor: *Ehre sei dir, o Herr, unser Gott!*
Diakon: *Seien wir aufmerksam!*
Chor: *Gott ist es, der da spricht.*
Priester: *Im Anfang war das Wort und das Wort war bei Gott und Gott war das Wort . . . eine Herrlichkeit als des Eingeborenen vom Vater, voll der Gnade und Wahrheit.*
Chor: *Ehre sei dir, o Herr, unser Gott!*
Diakon: *Laßt uns nun den Herrn bitten, daß er uns durch sein Kreuz vor der Sünde bewahre und durch seine Erbarmung erhalte. Allmächtiger Herr, unser Gott, errette uns und erbarme dich.*
Priester: *Herr, erbarme dich. Herr, erbarme dich. Herr, erbarme dich. Christus, unser Gott, bewahre uns unter dem Schutz deines heiligen und verehrungswürdigen Kreuzes in Frieden. Erlöse uns von den sichtbaren und unsichtbaren Feinden. Mache uns würdig, dich zu preisen und zu loben mit dem Vater und dem Heiligen Geist, jetzt und allezeit und in die Ewigkeit der Ewigkeit. Amen.*
Chor: *Preisen will ich den Herrn allezeit, stets sei sein Lob in meinem Mund.*
Priester: *Seid gesegnet durch die Gnade des Heiligen Geistes. Gehet hin in Frieden und der Herr sei mit euch allen. Amen.*

FESTTAGSGESÄNGE

1. Einzugslieder

An Sonntagen: *Du eingeborener Sohn und Logos Gottes, Unsterblicher, der du freiwillig um unseres Heiles willen wolltest Fleisch annehmen aus der heiligen Gottesgebärerin und immerwährenden Jungfrau Maria; ohne dich zu verändern wurdest du Mensch. Und gekreuzigt, hast du durch deinen Tod den Tod bezwungen. Einer der heiligen Dreieinigkeit, gleichverherrlicht mit dem Vater und dem Heiligen Geiste: rette uns.*

An Fasttagen: *Der du vom Vater gesandt wurdest als Erlöser und Fleisch annahmst aus der heiligen Jungfrau: der du wegen uns vom Himmel herabstiegst und die ganze Welt erleuchtet hast: Deinen Frieden gib uns, o Herr. Du bist der König des Friedens, du bist der Friede und das Erbarmen, über alles erhaben und menschenliebend.*

Am Fest der Geburt des Herrn: *Dich Gottesgebärerin bekennt und verehrt die Kirche der Rechtgläubigen. Den die vieläugigen Cherubim und die feurigen Thronen und die sechsflügeligen Seraphim nicht zu schauen vermochten, hast du ohne Zutun eines Mannes in Jungfräulichkeit in deinem Schoß als Magd des Herrn getragen und hast ihn, den Gott des Alls, der aus dir Fleisch angenommen hat, den unaussprechlichen Logos, zur Erlösung der Welt und zum Leben unserer Seelen geboren.*

Am Fest Simeons: *Der greise Simeon kam heute, vom Geist getrieben, in den Tempel, höher erscheinend als die Cherubim, die nicht in den furchtbaren Glanz zu schauen vermochten: Dieser dagegen hat Christus in seinen Armen getragen und mutig geküßt und liebkost wie ein Kind und hat stehend gebeten, ihn zu entlassen in Frieden.*

Am Fest des Lazarus: *Als der Geber des Lebens zum Grab des Lazarus gekommen war, rief er mit heilverkündender Stimme: Lazarus steh auf und komm heraus. Da stand der Tote aus dem Grabe auf. Er selbst gab das Geschenk der Unsterblichkeit seinem Freund und er rief ihn mit göttlicher Stimme aus dem Grab. Deshalb haben die Kinder der Hebräer, mit Zweigen in den Händen, deine unsterbliche Herrlichkeit besungen: Hosanna, gebenedeit sei deine Ankunft, Preis in den Höhen! Gebenedeit der du kommst im Namen des Herrn.*

Am Palmsonntag: *Freue dich, Jerusalem, und schmücke dein Brautgemach, Sion. Siehe dein König Christus kommt; er sitzt auf einem jungen Esel, voll Sanftmut und geht ein in dein Brautgemach, Sion. Und wir rufen: Hosanna, gebenedeit sei der da kommt im Namen des Herrn, er der Allerbarmer.*

An Ostern: *Christus ist auferstanden von den Toten; durch seinen Tod hat er den Tod überwunden und durch seine Auferstehung uns das Leben geschenkt. Ihm sei Ehre in Ewigkeit. Amen.*

Während der Pentekoste: *Erschrecklich und wunderbar ist das Mysterium unserer Erlösung: der von Ewigkeit her beim Vater (ist), hat auf unbeschreibliche Weise aus der Jungfrau Fleisch angenommen und durch das Tragen seines Kreuzes und durch seinen freiwilligen Tod uns die Gnade des Lebens geschenkt.*

Ein weiterer Gesang: *Ja, es ist auferstanden von den Toten Christus als Gott, der Schöpfer der Ewigkeiten und die Auferstehung des Menschengeschlechtes: ihn preisen ohne Unterlaß die Heere der Engel und alle himmlischen Scharen. Mit ihnen rufen auch wir und sprechen: Ehre deiner wunderbaren Auferstehung, o Herr.*

Am Fest der Himmelfahrt: *Es staunten die oberen Scharen, als sie dich sahen, sitzend auf feurigem Wagen. Voll Zittern sprachen sie: Wer ist jener, der von Edom kommt und herrlich eingeht in die Glorie, Ehre sei Dir.*

Ein weiterer Gesang: *Der du auf unbeschreiblichem Throne sitzest und von den Körperlosen hochge-*

priesen wirst, du unbegreiflicher Logos, Gott: auf der Erde erschienst du als wahrer Mensch, das Mysterium der Erlösung vollbringend. Kreuz und Tod ertrugst du und deine wunderbare Auferstehung bewirktest du mit großer Kraft. Heute hast du dich in Herrlichkeit in den Himmel erhoben und deinen aus der Jungfrau geborenen Leib auf wunderbar herrliche Weise mit Licht geschmückt. Dich sah schon vormals Isaias und sprach: Wer ist jener, der von der Erde kommt. Stauend riefen die himmlischen Mächte einander zu: Erhebet, ihr Fürsten, eure Tore und es gehe ein der König der Herrlichkeit. Der du über alles mächtig und stark bist, verleihe uns, dir entgegenzugehen auf den Wolken bei deiner Wiederkunft: Du allein Menschenliebender.

Am Fest der Ankunft des Geistes: *Als Gott bekennen wir dich, Heiliger Geist, und beten dich an. Du bist die Ursache des Lebens der Erschaffenen und der Friedenbringer der Welt. Du füllst das Unwissen der Jünger mit großer Erkenntnis an und zeigst dich, in feurige Zungen zerteilt, ihnen auf unaussprechliche Weise. Wir bitten, o Herr, verschone und errette uns.*

Am Fest der Verklärung: *Der Herr erscheint heute auf dem Berge Tabor. Und die Jünger rufen erschrocken und sagen: Laßt uns drei Hütten bauen, eine dem Herrn, eine dem Moses und eine dem Elias. Auch wir singen mit deinen wahrhaften Zeugen: Sende über uns das Licht deiner Gnade bei deiner Wiederkunft und errette uns.*

Am Fest des Kreuzes: *Vor deinem verehrungswürdigen und allbesiegenden Kreuz fallen wir anbetend nieder und flehen um Verzeihung unserer Vergehungen, denn durch dieses hast du aufgehoben das Verdammungsurteil über das Menschengeschlecht. Und jetzt verleihe aller Welt ob dieses deines heiligen und göttlichen Zeichens deinen himmlischen Frieden.*

Am Fest der Engel: *Es preisen mit unhörbarer Stimme die geistigen Kräfte, die himmlischen Mächte, die Engel und Erzengel, Thronen und Herrschaften, Mächte und Gewalten, Seraphim und Cherubim, die heilige Dreieinigkeit und die eine Gottheit.*

Ein weiterer Gesang: *Heute freut sich das irdische Priestertum der Kirche, da es auf wunderbar herrliche Weise die Feier des himmlischen Priestertums begeht, der körperlosen und geistigen Chöre, es, das körperliche und irdische Priestertum. O heiliger Gabriel und heiliger Michael, ihr großen Erzengel des Höchsten, die ihr steht vor dem Throne der Gottheit: seid unsere Fürbitter unablässig bei dem Herrn, daß er uns alle zusammen erhebe in das Reich der Himmel und wir einstimmig seine Herrlichkeit besingen.*

Am Fest der Drei Jünglinge: *Der du über den Cherubim thronst und von den feurigen Mächten gepriesen wirst: du stiegst herab nach Babylon und rettetest die drei Jünglinge aus der Gewalt des Feuers. Diese sangen ein neues Lied: Alle Werke sollen ihn loben und preisen. König der Herrlichkeit, Christus, du Schöpfer des Alls: du hast in deiner Menschenliebe Mitleid mit den heiligen Jünglingen gezeigt und sie aus dem brennenden Feuerofen gerettet. Sie verachteten den Zorn des Königs und löschten so die Gewalt des Feuers. Mit ihnen rufen auch wir laut zu dir: rette uns vor dem ewigen Feuer.*

Am Fest der Märtyrer: *Im Tempel der Heiligen und in Erinnerung an die heiligen Märtyrer erheben wir die Hände und flehen: durch ihre Fürbitte und Gebete erhalte unser Leben in Frieden, du menschenliebender Gott.*

Am Fest der Geburt Mariens: *Unbefleckte Gottesgebärerin, du empfingst den anfanglosen Logos und gebarst den unbegreiflichen Gott. Die du den Grenzenlosen auf deinen Armen getragen hast, richte an ihn ohne Unterlaß deine Fürbitte für unsere Seelen.*

2. Gesang der Cherubim

Am Großen Donnerstag: *Der du thronst auf feurigem, viereckigem Wagen, du unaussprechlicher Logos Gottes: um deiner Geschöpfe willen bist du vom Himmel herabgestiegen und hast dich heute gewürdigt, mit deinen Jüngern zu Tische zu sitzen. Die Seraphim und die Cherubim verwunderten sich gar sehr und die Mächte und die oberen Gewalten riefen voll Staunen: Heilig, heilig, heilig, Herr der Heerscharen.*

An Ostern: *Wer ist wie der Herr, unser Gott, der unsertwegen gekreuzigt und begraben wurde, der auferstand und sich der Welt beglaubigte und in Herrlichkeit sich erhob. Kommt, ihr Völker, und laßt uns mit den Engeln ihm Lobpreis singen und sprechen: Heilig, heilig, heilig bist du, Herr unser Gott.*

An Festen der Märtyrer: *O Heiligkeit der Heiligen, du bist groß und furchtbar und die Heerscharen der Engel preisen dich und sprechen: Ehre sei Gott in der Höhe und Friede auf Erden.*

An der Geburt, Verkündigung und Himmelfahrt Mariens: *Scharen der Engel und der himmlischen Heere steigen herab mit dem eingeborenen König; sie singen und sprechen: Dies ist der Sohn Gottes. Laßt uns alle singen: Freut euch, ihr Himmel, und jubelt, ihr Grundfesten der Welt; denn der ewige Gott erschien auf Erden und wandelte bei den Menschen, damit er unsere Seelen errette.*

An Fasttagen und beim Gedächtnis für die Verstorbenen: *Zum Gedächtnis der Verstorbenen nimm an, heiliger, liebevoller Vater, dieses Opfer und geselle ihre Seelen zur Zahl deiner Heiligen in deinem himmlischen Reich. Dadurch, daß wir mit Glauben dieses Opfer darbringen, werde versöhnt deine Gottheit und Ruhe ihren Seelen gewährt.*

An Festen der Propheten, Apostel und Väter: *Du bist allmächtig Herr der Heerscharen, ewiger König, der du über allen Himmel thronst und Licht schaffst in deinen Geschöpfen. Der du aus Demut herabstiegst vom Himmel, dir bringen wir dieses Opfer dar. Deinen Namen verherrlichen wir, o Herr, der du gekrönt hast deine heiligen Apostel. Sie seien uns Fürsprecher, allmächtiger Herr, in deinem Reiche.*

3. Kommunionlieder

Am Montag: *Wahres Licht und Abglanz des Vaters, Ausfluß und Abbild, Logos und Zeugung. Du hast die Kirche auf sieben Säulen erhoben. Der du als Schlachtopfer zur Darbringung geführt wurdest: verleihe uns mit Weisheit von deinem Tisch zu essen. Erbarme dich.*

Am Dienstag: *Brot des Lebens und der Unsterblichkeit, heilige und unaussprechliche Speise, ehrfurchtgebietendes Mysterium, das vom Himmel herabstieg als das Leben der Menschen, lebendiges und lebenschaffendes: schenke uns Hungernden die Speise deiner Süßigkeit. Erbarme dich.*

Am Mittwoch: *Pforte des Himmels, Weg des Paradieses, Herr des Himmels, gepriesen von den Chören des Himmels: Der du deinen Leib und dein heiligstes Blut den Aposteln ausgeteilt hast, reinige uns, damit wir am Mysterium deiner Heiligkeit (würdig) teilnehmen. Erbarme dich.*

Am Donnerstag: *Logos des Vaters und heiliger Hoherpriester, in den Höhen von den Körperlosen gepriesen: Der du am Kreuz im Fleisch geopfert, dein Blut zur Erlösung vergossen hast, wasche ab unsere Sünden durch dein lebenschaffendes und erlösendes, versöhnendes Blut. Erbarme dich.*

Am Freitag: *Geistiger Fels und gesalbter Eckstein, von den Engeln gepriesen: Der du am Kreuz deine Seite als eine Quelle geöffnet hast, dabei Unsterblichkeit ausgießend über die ganze Welt, heilige auch uns, die wir nach deinem Kelch der Erlösung dürsten. Erbarme dich.*

Am Samstag: *Lamm Gottes, immerdar dargebracht bei diesem Opfer, lebendig und unschuldig, zur Versöhnung des Vaters hingeschlachtet, hast du die Sünden der Welt hinweggenommen. Von den unsterblichen Scharen verherrlicht, gedenke der Seelen unserer im Glauben an dich Entschlafenen. Erbarme dich.*

An Festtagen: *Mutter des Glaubens, heiliger Hochzeitsaal, erhabenes Brautgemach, Wohnung des unsterblichen Bräutigams, der dich ewiglich geschmückt hat.*

Ein zweiter Himmel bist du, bewunderungswürdig, erhoben von Herrlichkeit zu Herrlichkeit, der du uns als Söhne zeugst durch das Bad der Wiedergeburt, strahlend im Licht.

Du teilst aus dieses reinigende Brot, gibst zu trinken das ehrwürdige Blut, erhebst zu höherem Grad, den Geistigen (Engeln) gleich.

Kommt, Söhne des neuen Sion, nähert euch unserm Herrn in Heiligkeit. Kostet und sehet, wie gut der Herr ist und mächtig.

Das alte (Heiligtum) ist für dich Vorbild und Gleichnis, du (Gleichnis) des himmlischen Heiligtums.

Jenes sprengte die demantenen Tore, du von Grund aus die Tore der Hölle.

Jenes hat geteilt den Jordan, du das Meer der Sünden der Welt. Bei jenem war Josua der Führer des Heeres, und bei dir Jesus, der Eingeborene des Vaters.

Dieses Brot ist der Leib Christi, dieser Kelch das Blut des Neuen Bundes, das große verborgene Mysterium, in dem Gott sich von uns schauen läßt.

Dieser ist Christus, der göttliche Logos, der sitzet zur Rechten des Vaters, hier für uns geopfert, er der hinwegnimmt die Sünden der Welt.

Er ist gepriesen ewiglich, zusammen mit dem Vater und dem Geist, jetzt und allezeit und in die Ewigkeit der Ewigkeit. Amen.

HINFÜHRUNG ZU DEN ARMENISCHEN BILDERN UND HYMNEN

Eine gründliche Betrachtung der liturgischen Texte und des Ablaufs der Liturgie der Armenier läßt deutlich werden, daß trotz der verschiedenen Elemente, aus denen die Liturgie in den frühen Jahrhunderten zu einer einheitlichen Gestalt fand, ein Grundtenor das Merkmal ihrer Einheit ausmacht. Während andere Liturgien dem Lebenslauf des Menschen, seiner Wanderschaft und seinem Staunen vor den Zeichen am Wege gleichen, die sich unversehens auftun, gleicht hier der Ablauf selbst einem Verweilen, einem Kreisen um eine unbetretbare Mitte, die alle kreatürlichen Wesen durch ihre unfaßbare Tiefe, aber auch durch ihre unbezwingbare Nähe in Atem hält und das „Verweilen beim Herrn" zu einem unbeschreiblichen Jubel werden läßt.

Man fragt sich bestürzt, ob diese weithin ungewohnte Form des Ergriffenseins auch andere Bereiche des geistlichen Lebens umfaßt, etwa die geistliche Hymnik oder auch die Aussage der frühen Bilder. Je länger man Bilder und Hymnen der Frühzeit dieser Kirche betrachtet, desto mehr möchte man zum Ausdruck bringen, daß dieses Grundelement des Verweilens alle Bereiche des geistlichen Lebens betrifft und bestimmt. So verschiedenfältig etwa die Einflußbereiche für die frühe Buchmalerei waren und in ihren Formgesetzen das künstlerische Leben Armeniens berührten, so stark blieb doch in allen Bereichen eine ursprüngliche Erfahrung unmittelbarer Betroffenheit und ihrer von Staunen erfüllten Bezeugung, die jeden von außen her kommenden Schmucksinn überragten. Jede Bildwerdung war eine Innewerdung, die sich aussprach und ablesen läßt. Mag die Pracht der Ausstattung der „Bilder" bis zu den königlichen Handschriften in Filigran von Rankenspiel und Farbgestalt noch so groß und verblüffend sein, das Entscheidende bleibt doch immer der Bildkern mit der Aussage einer Erfahrung, die selig in sich zu schwingen scheint, dadurch aber auch zum Ausdruck bringt, wie das Bildzeichen etwa eines Heilsgeheimnisses die Mitteilung einer Berührtheit vom Glauben selbst darstellt, die alle farbige Umgebung überstrahlt. Natürlich ist es unmöglich, einen umfassenden Einblick in die Fülle aller Schätze zu geben, die die armenische

Kirche trotz ihrer Verfolgung bis in unser Jahrhundert auch heute noch birgt. Dennoch kann man an weithin unbekannten Zeugnissen früher Buchmalerei eine erste Begegnung von Bild und Wort versuchen.

(Tafel 1) Es mag nicht von ungefähr scheinen, daß das zweite Etschmiadzin-Evangeliar, das um das Jahr 1000 in Westarmenien entstand (Tafel 1), auf einer Doppeltafel in der unteren Hälfte Abraham darstellt, dem die Stimme des Herrn (sichbargemacht durch die Hand) Einhalt gebietet, seinen Sohn dem Herrn im buchstäblichen Sinn darzubringen, während darüber Maria als Thronsitz ihres Kindes erscheint, rechts umgeben von einer hinzuschreitenden Gestalt mit der Kreuzesglorie. Abraham, der vom Herrn auf das äußerste in seinem Glauben geprüft wurde, ist bereit, ihm das Liebste darzubringen. Dadurch wird er der Vater des Glaubens, Hoffender gegen alle Hoffnung, angenommen vom Herrn als Vater vieler Völker. Aus seiner Nachkommenschaft stammt Maria, deren Glaubensgewalt, vom Vater getragen, das Kind der Weihnacht, der Erlöser der Welt entspringt. Eine solche Zuordnung (eine der ersten Parallelen zwischem Altem und Neuem Bund im Osten) kann eigentlich nur da entstehen, wo der gläubige Mensch inmitten seiner Geringheit Abraham an sich selbst erfährt. Nerses Schnorhali, einer der großen Hymniker Armeniens am Anfang des 12. Jahrhunderts, sieht in seinen Liedern den Glauben Abrahams als jene Hingabe an den Ratschluß Gottes, der allein die Selbsthingabe des Menschen an den Vater im Neuen Bund entstammt:

Du Bildner des Herzens, Herr, du allein
um unser Tun und Denken weißt:
Erbatest zur Prüfung des Geliebten
den Sohn der Unfruchtbaren dir.

Daß er besteige einen Berg
wie Golgatha — gemäß der Schrift —

und auch das Holz des Opfers trage
des Eingeborenen, des unschuld'gen Sohnes.

Ihn legte er auf den Altar
gleich dir, o Herr, am Kreuzesstamm.
Sodann nahm er das Schwert zur Hand
und führte es der Kehle zu.

Von oben scholl die Stimme da:
Nicht Leid sollst du dem Knaben tun!
Doch sieh, daß dir zur Rechten dort
ein Widder sich im Strauch verfing.

Anstelle des Vernunftbegabten,
anstelle Isaaks, deines Knechtes,
gabst du als Spende dieses Opfers
das Tier, das ohne Einsicht ist.

Herr, prüfe mich nicht mit Abraham,
der ich kein Gut zu bringen weiß,
der ich nur Unheil und nicht Heil aufweise,
der ich der Prüfung nicht standhalten kann . . .

Eile, o Herr, und entreiße mich
der Lockung des Feindes, der uns beherrscht,
wie Abraham auch, unser Vater im Glauben
dem Netz des Versuchers entrissen ward,

daß ich mit Freuden dir opfern kann
die Seele, den Geist und den Leib dazu.
Sie seien, o Gott, als lebendige Gabe
gefällig, erhaben und heilig dir.[1]

Eine weitere Darstellungsform, die der ersten Tafel in gewissem Sinne verwandt ist, bietet das Evangeliar von 1041 aus der sog. Melitene-Gruppe. Der Name stammt von dem Ort Melitene an der Grenze von Kappadozien und Armenien, in dem sich eine Malerschule in der ersten Hälfte des 11. Jahrunderts befand. Die zwölf großen Feste der byzantinischen Kirche bilden den Grundstock dieser Handschriften, gehen aber im einzelnen über das bekannte Repertoire hinaus. Unser Evangliar aus Jerusalem, das 1041 von dem Priester Samuel kopiert wurde, enthält neben einem zweiten den reichsten Bildzyklus der ganzen Gruppe. Man hat vielfach darauf hingewiesen, daß die Bildform von den kappadokischen Felsenklöstern des 9. und 10. Jahrhunderts bestimmt sei und daß der ganze Zyklus nicht einer erzählenden, sondern einer liturgischen Darstellungsform entspreche.[2] Bei vielen Tafeln ist der Grundsinn der alten fortlaufenden Bilderschrift erhalten geblieben, indem man auf einem Bild zwei Themen des Heils gemäß ihrer biblischen oder liturgischen Abfolge zur Darstellung brachte. Es ist dem heutigen Auge ganz ungewohnt, wie der das Bild betrachtende Mensch in das jeweilige Heilsereignis einbezogen ist. Während rötlich warme Farben das Auge umfangen und erfreuen, muß es die Geschehnisse des Heils, die oft nur stark angedeutet sind, durch die Intensität des eigenen Sehens mitgestalten und in sich befestigen. Dadurch ist das Auge am Bildgeschehen selbst so beteiligt, daß es, ohne sich dessen ganz bewußt zu werden, „im Heil verweilt".

(Tafel 2) DIE ERSTE TAFEL der Verkündigung und Heimsuchung (Tafel 2) stellt Figuren verschiedener Größe und eine Architektur gegen das bräunliche Pergament. Der Engel links in kleiner Gestalt kommt wie von weit und spricht zu der groß aufragenden Maria, die in einem empfangenden Lauschen versunken ist. Rechts erscheinen in der angedeuteten Raumtiefe, kleiner von Gestalt, Maria und Elisabeth in der Umarmung ihrer Begegnung. Ganz rechts hat eine Dienerin den Vorhang vor dem ganzen Geschehen zurückgezogen, damit das Auge eindringen und teilhaben kann. Man erinnert sich innig der Strophe zum Fest der Verkündigung bei Nerses Schnorhali:

Das Wort der Verkündigung mit lauter Stimme
ruft Gabriel der Hochheiligen zu:

Zu dir bin ich gesandt, du Reine,
zu bereiten eine Wohnung für den Herrn.

Das Lied des Jubels singen wir:
Freu dich, du Selige, der Herr ist mit dir!

Erneuert wird die Erde heute,
frei von der alten, früheren Sünde.

Die Himmel mit den Himmlischen
zusammen mit den Menschen weihen das Gloria in der Höhe,

sammeln und einigen sich durch die Liebe
zur Versöhnung des Vaters mit den Geschöpfen.

Die heilige Jungfrau, ob des Grußes erschrocken,
sagte ja zum Worte des Engels.

In Zacharias Haus ging sie,
zu begrüßen Elisabeth.

In Liebe vernahm sie die Kunde des Wortes,
und es frohlockte die Stimme im Leibe.

Im Munde der unfruchtbaren Greisin
ward Lobpreis gewidmet der Frucht der Jungfrau.

Mit der Großen lobsingen wir dem Kinde:
Dem Erlöser Ehre und Macht![3)]

(Tafel 3) DIE ZWEITE TAFEL der Weihnacht (Tafel 3) gleicht einem Prozessionszug der Könige über die Raupe eines Gebirges zur Höhle der göttlichen Menschwerdung. Engel geleiten den Weg. Unten machen sich links die Hirten auf den Weg. Vor der Höhle der Geburt sitzt der fragende Josef. Unter der Krippe der Weihnacht wird der Neugeborene (zum Zeichen seiner wahren Menschwerdung) von den Ammen gebadet. Die Gestalten vermitteln in ihren Farben dem Auge eine Innigkeit, daß man meint, hier wären alle Gegensätze der Menschen zum Schweigen gebracht und in die große Wanderschaft zur Höhle des Kindes einbezogen.

In einem Weihnachtshymnus der armenischen Kirche wird gesungen:

Mysterium, groß und wunderbar,
das an diesem Tage enthüllt,
Hirten singen mit den Engeln,
der Erde gute Nachricht bringend:
ein König ward in Bethlehem geboren.
Seid dankbar all ihr Menschenkinder,
für uns ist er ja Mensch geworden.[4)]

Der armenische Sänger Nerses Schnorhali sucht das ganze Geheimnis des Kommens Gottes in seinen einzelnen Stationen in einen Hymnus zu fassen:

Der Herr der Herrlichkeit,
geboren vor der Ewigkeit,
derselbe ward geboren heute
zu Bethlehem, der Davidsstadt.

Der himmlische Meister,
die Weisheit des ewigen Vaters,
wird gelegt in die Krippe der vernunftlosen Tiere,
eingehüllt in Windeln.

Der über den Cherubim sitzt,
auf dem Throne der Herrlichkeit, der Alte der Tage,
wird auf den Armen der Jungfrau,
dem Säugling gleich, als Kind getragen.

Der himmlischen Heerscharen
großer und siegreicher König
sitzt auf lichter Wolke,
flüchtet nach Ägypten, freien Willens.

Der aller Engel Schöpfer ist und Herr,
der unsichtbaren, überirdischen,
erscheint auf Erden,
wandelt mit den Menschenkindern.[5)]

(Tafel 4) DIE DRITTE TAFEL zeigt den Menschensohn (Tafel 4), wie er im Tempel zu Jerusalem auf dem Arm der Mutter dem Priester Simeon entgegengehoben wird. Simeon streckt seine verhüllten Hände dem Kind entgegen, das Kind hält seine Arme Simeon bereits entgegengewandt. Links von Maria steht Joseph, bei Simeon steht die Prophetin Anna. Während sich auf späteren kostbaren Handschriften der Armenier das Kind der Weihnacht noch ganz der Mutter zuwendet, als wollte es bei ihr verweilen, wird hier im früheren Bild die freudige Hingabe des Kindes an Simeon verdeutlicht, der selbst als Garant für den Tempel steht. Offenbar ist dieses Bild vom Festgeheimnis der Liturgie bewegt, daß im Kind der Darbringung bereits der Herrscher erscheint, der eintritt in seinen Tempel. So wird im Eingangslied der Darstellung des Herrn im Tempel gesungen:

Anfangloses WORT, Gott,
in den letzten Tagen hast du es auf dich genommen,
Mensch zu werden aus der Jungfrau.
Du, Schöpfer der Ewigkeiten,
schlossest dich ein in die Zeit,
heiliger Herr der Heiligkeit und reicher Freiheit.
Vierzig Tage alt kamst du in den Tempel
und erfülltest die Gerechtigkeit der Gesetze.
Den Unendlichen auf seinen Armen tragend
hat Simeon gebeten:
Du, der Befreier der Gebundenen,
befreie mich im Frieden!
Deswegen rufen wir mit dem greisen Simeon dir zu, Herr:
Heilig, heilig, heilig, Herr der Heerscharen!
Erfüllt sind Himmel und Erde von deiner Herrlichkeit
zu unserer Erlösung, Christus Gott! Ehre dir![6]

Mit der Darstellung des Herrn im Tempel sind die unmittelbaren Geschehnisse der Kindheit des Menschensohnes liturgisch abgeschlossen. Das neue Ereignis, der Beginn seines öffentlichen Lebens geschieht in der Taufe im Jordan. Während links der Menschensohn als Kind auf dem Arm Mariens getragen wird, ersteht er rechts als reifer bärtiger Mann im Wellenberg des Jordan, umgeben vom Täufer Johannes und den Engeln zur Rechten, die seine Gewandung tragen. Über dem Haupt des Menschensohnes leuchtet grün die Säule der Bezeugung: die Stimme des Vaters im Bild der Hand, das Niederschweben des Geistes im Zeichen der Taube. Das Mysterium der Taufe Jesu läßt erneut seinen unfaßbaren Abstieg zum Menschen erkennen und eröffnet darin den ungestümen Erlösungswillen des Sohnes.

Im Hymnus zur Taufe Christi wird gesungen:

Schöpfer Himmels und der Erden,
Gott und Mensch,
erschien im Strom des Jordanflusses,
den Leib geeinigt mit der Gottheit,
und wusch die Welt rein von Sünden.
Verherrlicht sei er für immer.[7)]

Der armenische Sänger Nerses Schnorhali hat diesem Ereignis Rechnung getragen. In einem Hymnus zum Fest der Geburt Christi heißt es:

Den die Flügel der Seraphim
decken im Heiligsten des Heiligen,
er läßt sich herab und verlangt,
durch seinen Knecht getauft zu werden.

Gott, der Feuer ist, kam
und stieg in die Fluten des Jordan,
verbrennt mit Wasser die Schuld
der adamitischen Menschennatur.

Es bebt zurück der Sohn der Unfruchtbaren
vor der verzehrenden, furchtbaren Glut,
scheut sich, hinzutreten
zum Strahl der unsichtbaren Herrlichkeit.

Aus der Höhe stieg der Geist auf ihn herab
in Gestalt einer Taube,
und mit dem Finger deutet jener
auf die Gottheit, verborgen in der menschlichen Natur.

Die Tore des Himmels wurden aufgetan,
die Adam durch seine Schuld verschlossen hatte;
des Vaters Wort erklang:
das ist mein Sohn, den sollt ihr hören.

Das Geheimnis der heiligen Dreieinigkeit,
das Geheimnis von den drei Personen ward geoffenbart,
das wir mit nicht verstummender Stimme
in unserem Lied lobpreisen.

Wir preisen jetzt und allezeit
den Sohn mitsamt dem Vater und dem Geist;
der einen Gottheit laßt uns Ehre geben
immerdar, auf ewig![8)]

 Tafel 1: Abrahams Opfer; Maria Thronsitz der Weisheit. Evangeliar um 1000. ▶

Tafel 2: Verkündigung und Heimsuchung. Evangeliar von 1041. ▶

Tafel 3: Weihnacht. Evangeliar von 1041. ▶

Tafel 4: Darstellung im Tempel und Taufe im Jordan. Evangeliar von 1041. ▶

Tafel 5: Verklärung Christi und Auferweckung des Lazarus. Evangeliar von 1041. ▶

Tafel 6: Gefangennahme Jesu. Evangeliar von 1041. ▶

DIE VIERTE TAFEL enthüllt wiederum zwei Ereignisse des Heils (Tafel 5), die in ihrem liturgischen Sinn eng zusammengehören, die Verklärung auf Tabor und die Auferweckung des Lazarus. (Tafel 5)

Das Taborgeschehen ist in einen leuchtend roten Kreis gefaßt, der den Menschensohn und die hinzutretenden Gestalten Moses und Elias umschließt, während die erwählten Apostel im Vordergrund niedergesunken sind. Das rötliche Licht der Verklärung macht dem Auge klar, daß hier das Geheimnis der kommenden Weltzeit im Menschensohn auf die Erde ausstrahlt. Wie ein Echo wirkt daher rechts die Auferweckung des Lazarus. Lazarus steht stellvertretend für alle. Der Sohn, der die Macht seiner lichthaften Taborgestalt bekundete, hat in der Erweckung des Lazarus den Tod bezwungen. Demütig knien die Schwestern Maria und Martha vor Jesus. Der Diener bei Lazarus führt seinen Rock an die Nase wegen des Leichengeruchs. Die Macht des Verklärten führt Lazarus aus dem Totenreich und zeigt darin unsere Verklärung an. So heißt es in den Hymnen zum Lazarusfest am Samstag vor Palmsonntag:

Mit göttlicher Stimme hast du den Lazarus
aus dem Grab gerufen, du Gott unserer Väter.
Die Tränen der Maria und Martha hast du
nicht unbeachtet gelassen, Wohltätiger, du Gott unserer Väter.
Den viertägigen Toten hast du durch deine Herrschaft
unverwest aus dem Grab gerufen, du Gott unserer Väter.
Der Anteil hat an der Ehre des Vaters,
kam heute nach Bethanien und erweckte den Lazarus.
Und die Macht der Hölle vernichtete er als Gott,
er rief den viertägigen Toten aus dem Grab.

Der Lebenspender Christus kommt heute nach Bethanien
und schenkt seinem Freunde Lazarus Leben.
Mit menschlichem Mitgefühl weinte er mit Martha und Maria
und als Mensch fragte er: Wo habt ihr den Lazarus hingelegt?
Doch als Gott erweckte er den viertägigen Toten von den Toten,
und beim Klang der Stimme kam der Tote heraus, unverwest.

Von dem göttlichen Ruf erschraken die Wächter der Hölle,
und der Tote kam unverwest aus dem Grab.
Er stand am Eingang zur Grube und rief mit mächtiger Stimme:
Lazarus, komm heraus, unverwest!
Der Tote kam, umbunden von Binden, aus dem Grabe,
und er befahl, ihn loszubinden zum ewigen Leben.[9)]

(Tafel 6) DIE FÜNFTE TAFEL aus der Handschrift der Melitene-Gruppe von 1041 (Tafel 6) wird zum Bild eines Verhängnisses, dem man nicht mehr entrinnen kann. Der Hintergrund ist bestimmt von aufragenden Keulen, Beilen, Speeren, Fackeln und Lanzen sowie ihren Trägern darunter, einer ganzen Kohorte. Vor dieser Mauer der Häscher steht Jesus, dem sich Judas zum Verräterkuß neigt. Die einsame Ausgeliefertheit des Sohnes gegen eine Übermacht von Schergen bestimmt das ganze Bild und leitet Qual und Not der Passion ein.

Die Bitterkeit des Verrates durch Judas steht dem gesamten christlichen Osten im Stundengebet des Gründonnerstags vor Augen. So heißt es am Morgen des Gründonnerstags in den Stichera zu Psalm 148 im orthodoxen Stundengebet:

Nun versammelt sich das Synedrion der Juden, um den Meister und Schöpfer aller dem Pilatus auszuliefern. Wehe den Gesetzlosen, wehe den Glaubenslosen: den, der kommt, zu richten die Lebendigen und

Toten, ziehen sie vor des Gerichtes Schranken. Den, der die Leidenschaften heilt, holen sie herbei zum Leiden. Herr, Langmütiger, groß ist dein Erbarmen. Ehre sei dir.

Der gesetzlose Judas, o Herr, der beim Mahle mit dir die Hand in die Schale tauchte, hat den Gesetzlosen seine Hände entgegengestreckt, die Silberlinge zu empfangen. Der den Wert der Narde erwog, entsetzte sich nicht, dich, den Unschätzbaren, zu verkaufen. Der hinhielt die Füße, daß der Herr sie wasche, gab tückisch ihm einen Kuß, den Gesetzlosen ihn zu verraten. Verworfen aus dem Chor der Apostel, hat er auch die dreißig Silberlinge weggeworfen und durfte drei Tage später deine Auferstehung nicht schauen. Durch sie erbarme dich unser.

Judas, der Verräter, voll List, überlieferte mit listigem Kusse den Heiland, den Herrn. Den Gebieter aller verkaufte er den Juden wie einen Sklaven. Wie ein Schaf zur Schlachtbank, so folgte das Gotteslamm, der Sohn des Vaters, der allein reich ist an Erbarmen.

Judas, der Knecht und Falsche, der Jünger und der hinterlistige Feind, der Freund und Teufel, ward an den Werken erkannt. Denn er folgte dem Meister, und in seinem Herzen ersann er den Verrat. Er sprach bei sich: Ich werde ihn verraten und werde die gesammelten Gelder erhalten. Er verlangte, daß man die Narde verkaufe und Jesus durch List bezwinge. Er küßte ihn und verlor Christus. Und wie ein Schaf zur Schlachtbank, so folgte, der allein voll Erbarmen ist, voll Menschengüte.[10)]

DIE SECHSTE TAFEL entfaltet ein doppeltes Kreuz (Tafel 7) an dem einmal der Tod Christi dar- (Tafel 7)
gestellt wird, dann aber auch die Abnahme vom Kreuz durch zwei grüngewandete Gestalten (nach der Überlieferung Joseph von Arimathäa und Nikodemus), während Maria und Johannes der Evangelist die bereits von den Nägeln gelösten Hände liebkosen. Das linke Kreuz stellt das Ereignis der Todeshingabe dar, den feierlichen Augenblick des Sterbens, der von Maria und Johannes in staunendem Erkennen begleitet wird. Sonne und Mond treten über dem Querbalken des Kreuzes als kosmische Zeichen hinzu, wie dies der Frühzeit in Ost und West geläufig ist. Das rechte Kreuz

bezieht sich auf das Todesopfer, die leibliche Gestalt des toten Sohnes, der vom Kreuz abgenommen wird und für alle deutlich macht, was er für die Welt gelitten hat.

Zu diesem Geschehen heißt es im orthodoxen Stundengebet im Ideomelon der großen Vesper am Sonntag des Joseph von Arimathäa:

Dich, der mit Licht sich umkleidet wie mit einem Gewande, nahm Joseph vom Holze herab, gemeinsam mit Nikodemus, und da er dich tot, nackt und unbestattet erblickte, stimmte er mitleiderfüllt ein Trauerlied an, und wehklagend sprach er: Wehe mir, süßester Jesus, jüngst noch sah dich die Sonne hangend am Kreuz und umgab sich mit Dunkel, und es erbebte vor Schrecken die Erde, und es zerriß der Vorhang des Tempels. Doch siehe, nun schaue ich dich, der um meinetwillen freiwillig den Tod auf sich nahm. Wie soll ich meine Dienste dir weihen, mein Gott? Oder wie in Linnen dich hüllen? Wie mit Händen berühren deinen lauteren Leib oder was für Lieder singen deinem Weggang, Erbarmer? Ich preise deine Leiden, besinge in Hymnen dein Grab auch samt der Auferstehung, schreiend:
Herr, Ehre sei dir.[11)]

DIE SIEBTE TAFEL dieser Reihe scheint dem Auge in Farben und Gestalten eine lautlose Stille (Tafel 8) zu vermitteln (Tafel 8). Wiederum sind zwei Heilsereignisse dargestellt, die Grablegung Jesu und sein Niederstieg ins Totenreich zu den Gerechten des Alten Bundes. Bei der Grablegung links ist das Grab, das wie eine einschiffige Basilika mit geschmückter Apsis (der Ruhestätte des Hauptes) wirkt, steil aufgerichtet, während der eingeschnürte tote Christus von den beiden Trägern horizontal gehalten wird. Man bringt ihn und bestattet ihn, so machen es die spröden Bildzeichen deutlich.

Im östlichen Stundengebet wird die Grablegung als die vorübergehende Schwelle zu einer neuen gewaltigen Heilstat besungen:

Als dich Joseph von Arimathäa als Toten vom Kreuz herabgenommen hatte, dich, Christus, das Leben aller, da hat er dir mit Balsam und mit Linnen gedient. Liebe hat ihn gedrängt, mit Herz und Lippe an deinen reinen Leib sich zu schmiegen. Doch obwohl vor Scheu verzagt, rief er voll Freude zu dir hinauf: Ehre sei deiner Herablassung, o Menschenfreund.

Da du dich im neuen Grabe zum Heile aller bestatten ließest, du Erlöser aller, da schaute dich der von allen verspottete Hades und er erschrak. Zersprengt wurden die Riegel, die Tore zermalmt. Grüfte taten sich auf, Tote erstanden. Da rief Adam dankbar und froh zu dir hinauf: Ehre sei deiner Herablassung, o Menschenfreund . . .

Als du deinen Leib im Grabe willig einschließen ließest, du, der als Gott von Natur ohne Grenzen und Schranken beharrt, da hast du, Christus, des Todes Kammern verriegelt und alle Reiche des Hades beraubt. Da hast du auch diesen Sabbat deines göttlichen Ruhmes, deiner Herrlichkeit und deines Glanzes gewürdigt.

Als dich die Mächte, Christus, als Verführer fälschlich von Gesetzlosen angeklagt sahen, da erstarrten sie ob deiner unsagbaren Langmut und ob des Grabsteins, der von den Händen versiegelt wurde, mit denen jene deine reine Seite mit einer Lanze durchbohrten. Gleichwohl freuten sie sich über unsre Rettung und riefen dir zu: Ehre sei deiner Herablassung, o Menschenfreund.[12)]

Die neue große Heilstat des Sohnes ist auf der rechten Seite der Tafel angezeigt. Der auferstandene Sohn, der das Siegeszeichen des Kreuzes in seiner Linken trägt, ist offenbar durch ein geöffnetes Tor im Bildfeld erschienen, als habe er es selbst geöffnet und zieht nun, mit den Füßen schon rückwärtsschreitend, Adam, den Stammvater, am Handgelenk und mit ihm die Stammutter Eva durch das offene Tor hinter sich her. König David und Salomon über der oberen Leiste wollen darauf hindeuten, daß den Stammeltern noch Scharen von Gerechten des Alten Bundes in die Herrlichkeit des Auferstandenen folgen werden.

Im Stundengebet der östlichen Kirche wird an Ostern gesungen:

In der Erde tiefste Tiefen stiegst du hinab, zermalmtest die ewigen Riegel, der Gefesselten Ketten, o Christus, und am dritten Tage stiegst du, wie aus dem Hai einst Jonas, hervor aus dem Grab.

Unversehrt bewahrtest du die Siegel, Christus, und wardst erweckt aus dem Grab, der du nicht verletztest der Jungfrau Schrein bei deiner Geburt und des Paradieses Pforten uns öffnetest.

Mein Retter, als lebendiges, ungeschlachtetes Opfer brachtest als Gott du freiwillig dem Vater dich dar, hast miterweckt Adam mit seinem ganzen Geschlechte, als du erstandst aus dem Grab.[13)]

Die weitere Entfaltung der armenischen Buchmalerei geschieht, wie überall, aus archaischen Grundelementen ihrer Frühzeit zur angestrebten vollkommenen Form in Gestalt und Farbe. Während in den frühesten Bildern das betrachtende Auge in den Prozeß des Schauens der Bilder des Heils unmittelbar einbezogen war und mitgestalten mußte, wird im Fortgang der Künste und in einer neuen Innewerdung des Heils dem Auge jeweils ein vollausgestaltetes Bild in Gestalt und Farbe vorgesetzt, so daß es ganz neu eindringen und im Bild gänzlich und gesättigt verweilen kann. Während man diesen Prozeß in byzantinischen Handschriften (etwa im Menologion Kaiser Basileios' II.) als einen Weg in immer größere technische Perfektion verfolgen kann und manchmal annehmen möchte, daß hier die Spätantike in ihrer gesättigten Körperlichkeit nahezu sinnenhaft wiederkehrt, fühlt sich die armenische Bildsprache trotz aller Vervollkommnung einem anderen Gesetz unterworfen. Wenn inmitten eines Goldgrundes die Natur der Erde impressionistisch aufgetürmt ist und die Gewänder der Gestalten in fließenden Farbbahnen aufleuchten, wird doch das entscheidende der Gestalt, das Antlitz, niemals im spätantiken Sinn perfekt, sondern bleibt menschhaft irdisch und ganz körperhaft nahe. Der neugefundene Glanz in den Farben bricht sich zugleich in den Antlitzen, die erdhaft-lauschend die Gestalten krönen.

Tafel 7: Kreuzigung und Kreuzabnahme Jesu. Evangeliar von 1041. ▶

Tafel 8: Grablegung Jesu und Abstieg ins Totenreich. Evangeliar von 1041. ▶

Tafel 9: Evangelist Johannes. Königin-Keran-Evangeliar. ▶

Tafel 10: Verkündigung. Königin-Keran-Evangeliar. ▶

Tafel 11: Heimsuchung. Zweites Prinz-Vasak-Evangeliar. ▶

Tafel 12: Weihnacht. Zweites Prinz-Vasak-Evangeliar. ▶

Dieser Vorgang läßt sich einmalig deutlich an den Bildern des Evangeliars der Königin Keran, der Gemahlin König Leos II. ablesen, das 1272 in Sis, der Hauptstadt Ziliziens entstanden ist (Tafel 9). (Tafel 9) Wie in allen Kirchen des Ostens, so ist auch hier der Evangelist Johannes als Greis dargestellt, dessen Antlitz Weisheit ausstrahlt. In den byzantinischen Handschriften wird er stets als „der Theologe" bezeichnet. Johannes gleicht hier dem Inbegriff eines Evangelisten, der nicht nur die Heilsereignisse aufschreibt, sondern auch den unergründlichen Sinn des Kommens Gottes in die Welt, des Einziggeborenen des Vaters, zum Ausdruck bringt. In seiner gespannt lauschenden Gestalt empfängt er sein Evangelium. Die Kraft seines Lauschens, die seinen Leib buchstäblich erbeben läßt, kann nicht durch einen Schreibvorgang verkleinert werden. Daher läßt er den Strom seiner Gesichte, der ihn durchglüht, durch die Gebärde seiner Rechten weiterfließen an den Schreiber Prochoros, der vor der Höhle der Erde sein Evangelium aufzeichnet. Kein Evangelist hat dieses Privileg eines zusätzlichen Schreibers, nur der, der wie Johannes in allen Gelenken von der Macht des Wortes Gottes berührt ist.

Das Bild der Verkündigung (Tafel 10) aus dem gleichen Evangeliar läßt den Raum Mariens rechts (Tafel 10) und die Stadt im Hintergrund links mit dem Engel im Vordergrund vor dem goldenen Raum zur eindringlichen Körpersprache werden. Während die Verkündigungskraft des Engels in einer von innen leuchtenden, fast bäuerlichen Fröhlichkeit erstrahlt, ist Maria seinem Anruf gegenüber nicht sitzend, wie oft im christlichen Osten, versunken, sondern aufgestanden, dem Engel entgegengewandt und im Antlitz bereits mit einem inneren Wissen der Ahnung beladen, das wie die Frucht ihrer langen Bereitung erscheint. Maria wird zum Inbegriff der gesamten Kreatur, in ihrem Lauschen auf das Wort des Engels scheint die Kraft Adams vor dem Sündenfall überboten.

Das große Geheimnis der Begegnung von Himmel und Erde, das in der Verkündigung an Maria beginnt, wird im Eingangslied des Festes der Geburt Christi in der armenischen Liturgie zum Ausdruck gebracht:

Gottesgebärerin, dich bekennt und verehrt
die Kirche der Rechtgläubigen;
denn welchen die vieläugigen Cherubim
und die feurigen Throne und die sechsflügligen Seraphim
nicht zu schauen vermögen,

trugst du ohne Mitwirken eines Mannes
in Jungfräulichkeit in deinem Schoß
als Magd des Herrn
und gebarst ihn als Menschen, den Gott des Alls,
der aus dir Fleisch angenommen, das unaussprechliche WORT,
zu Erlösung der Welt und zum Leben unserer Seelen.[14)]

Das Evangeliar der Königin Keran von 1272 hat neben den vielen ganzseitig angelegten Themen des Heils im Auflauf des Textes an den Rand der Schriftseiten mehrmals ein reiches, vielfältig durchgestaltetes Rankenwerk gesetzt, das in seinem inneren Blütengrund von neuem die Bilder des Heils eröffnet.

(Tafel 11) Im Bild der Heimsuchung, der Begegnung von Maria und Elisabeth (Tafel 11) ist das in großer Zier entfaltete Rankenwerk über den ganzen Bildrand ausgebreitet, so daß man annehmen möchte, ein eingeflochtenes Geheimnis des Heils müsse ganz im ornamentalen Spiel aufgehen. Offenbar dachte der armenische Künstler genau umgekehrt, je reicher sich sein Rankenwerk enfaltet, desto eindringlicher schaut er das Heil, hier die Begegnung der beiden Frauen Maria und Elisabeth in der Form des altchristlichen Friedenskusses, bei dem die statuarisch wirkende Körperhaftigkeit beider Gestalten wie aus einem inneren Verhalten des Erkennens vor Augen tritt. Im Zeichen der beiden Figuren ist offenbar die prophetische Erleuchtung Elisabeths gemeint, als sie zu Maria sagte:

„Gebenedeit bist du unter den Frauen und gebenedeit ist die Frucht deines Leibes. Woher kommt mir dies, daß die Mutter meines Herrn zu mir kommt?“ (Lk 1,42 f) Gleichzeitig leuchtet aus der Gestalt Mariens ihre Antwort an Elisabeth im Lobgesang des Magnifikat: „. . . *Großes hat an mir getan der Gewaltige, heilig ist sein Name . . .“* (Lk 1,49)

Das Weihnachtsbild des sog. zweiten Prinz-Vasak-Evangeliars aus Zilizien (Tafel 12), das zwischen 1268 und 1274 geschrieben wurde und dem Königin-Keran-Evangeliar ähnlich ist, erweckt den Eindruck, als habe sich die Erde mit Bergen und Gestein nebst den herannahenden Königen und Hirten, nebst Joseph und zwei Dienerinnen, die das Bad für das Kind der Weihnacht bereiten, ein Feierkleid angelegt, das wie ein strahlender Farbenkreis die Höhle des menschgewordenen Sohnes umschließt. Gemäß der Eigenart dieses Evangeliars wird auf seinen Tafeln eine Gestalt besonders herausgehoben, das ist hier in der Gestalt Mariens zum Ereignis geworden. Maria erweckt in ihrem Festgewand, aber auch in ihrer Körperhaltung den Eindruck, als sei sie ganz mit dem Geheimnis ihrer Erwählung verschwistert, hoheitsvoll, erkennend und harrend zugleich. Hier wird im Anblick Mariens die Erkenntnis wach, daß Maria selbst darum weiß, wie sich an ihr der Ratschluß Gottes erfüllt und wie sie dadurch zur innersten Stimme aller Menschen, zur Ekklesia wird. (Tafel 12)

Man muß in der hymnischen Tradition des Orients weit zurückgehen, um das im Wort zu erkennen, das hier im Bild zur Anschauung gebracht ist. Bei Ephräm dem Syrer singt Maria von sich selbst im Anblick ihres Kindes in den Hymnen zur Weihnacht:

Ein Wunder ist deine Mutter.
Eintrat in sie der Herr, und er wurde zum Knecht.
Eintrat der Wortbegabte, und er wurde stumm in ihr.
Eintrat der Donner, und er brachte seine Stimme zum Schweigen.
Der Allhirte trat ein und wurde in ihr zum Lamm;
blökend trat es ans Tageslicht.

Die Ordnungen verkehrte
der Schoß deiner Mutter. Der Schöpfer des Alls
trat als Reicher ein und kam hervor als Bettler.
Der Hohe trat ein und kam hervor als Niedriger.
(Himmlischer) Glanz trat ein und kam hervor,
gehüllt in verächtliche Farbe.
Der Held trat ein
und nahm das Kleid der Furcht mit sich aus dem Mutterleib.
Der Allernährer trat ein und lernte hungern.
Der alle tränkt, trat ein und lernte dürsten.
Nackt und entblößt kam daraus hervor,
der alle bekleidet.[15)]

Das in der gesamten östlichen und westlichen Tradition ganz ungewöhnliche armenische Bild der
(Tafel 13) Weihnacht „im Aufgrünen der Erde" (Tafel 13) entstammt dem in seinen Tafeln ekstatisch wirkenden Evangeliar des 14. Jahrhunderts, das in Jerusalem aufbewahrt wird.

Wo man sonst im Bild die Höhle von Bethlehem erkennt, steigt hier ein grüner Felsen auf, der zugleich Stein ist und grünender Strom, wie ein Vorübergang der Geschichte. In seiner Tiefe erscheint purpurn die Krippe des Kindes mit den beiden Tieren, gleichzeitig aber auch der Sitz Mariens, einer lauschenden und harrenden Gestalt angesichts dieses Wunders, das die Erde neu aufsprießen läßt. Außen sind im goldenen Grund Gestalten in ihren Bewegungen zu erkennen, Engel, die den Hirten und den Königen das Geheimnis deuten, ein herannahender Hirt, feierlich schreitende Könige mit Gaben, die in ihren Schalen wie mit Feuer gefüllt sind, unten ein stumm fragender Joseph und die Bereitung des Bades für das Kind. Der grüne Strom ganz neu aufbrechender Schöpfungsgewalt hat alles in Bewegung gebracht, himmlische und irdische Kreaturen. Selbst die Berge stürzen auf im Jubel eines neuen Geschehens.

In der spröden, aber betroffenen Aussage der Väter wird die erste Schöpfung „Creatio — Erschaffung" genannt, die Menschwerdung Gottes aber und mit ihr die ganze Erlösung „Re-creatio — neue Erschaffung", als wäre erst durch das Kommen des Sohnes die Erde in ihrer wahren blühenden Abgründigkeit und darin der Mensch zu seinem wahren Menschsein erweckt.

In diese Versammlung der himmlischen Engel, der Hirten und der Könige vor dem erschienenen Menschensohn reiht sich die ganze Kirche ein, wie es der Sänger Nerses Schnorhali ansagt:

Deine wunderbare Geburt, Herr,
beten wir an, zusammen mit den Magiern.
Dem himmlischen Hirten singen wir
das Lied der Hirten: das Gloria in der Höhe.
Dem Meister zu Ehren als Jünger
laßt uns heute tanzen zusammen mit den Engeln.
Einstimmend mit den Seraphim laßt uns jubilieren,
Herr, ob deiner Erscheinung.
Den, der zu erlösen erschienen ist,
laßt uns anflehen, wir, die durch dich Erlösten.
Reinige uns von den Sünden
durch deine lebenspendende, heilige Geburt.
Zur Glorie heb' uns empor
durch das Gebet der heiligen Gottesmutter.
Dem, der gekommen als erneuernder Erlöser,
singen wir erneuert allezeit das Gloria.[16]

(Tafel 14) Im Bild der Taufe Jesu im Jordan aus dem Königin Keran-Evangeliar von 1272 aus Sis in Zilizien (Tafel 14) wird gemäß der Gesamtgestalt des Bildes ein universaler Anspruch auf die gesamte Schöpfung erhoben. Der Menschensohn, der in adamitischer Gestalt in die Wasser des Jordan hinabgestiegen ist, wird seitlich umgeben von den dienenden Engeln und von der in prophetischer Erleuchtung erscheinenden Gestalt des taufenden Johannes. Am unteren Grunde spendet der personifizierte Jordan seine Wasser, die doch in sich wiederum nach der Sprache des Alten Bundes die Völker bedeuten, deren Erlösung er in seinem Abstieg vorbildet. Der goldene Weltraum wird zum Zeugnis dieses Abstieges der Erlösung. Das Zeichen der Taube des Geistes ordnet den Weltgrund in ein neues Strahlengefüge aus dieser Erniedrigung des Sohnes.

Im orthodoxen Stundengebet wird an diesem Tag der Epiphanie des Menschensohnes in den Aposticha gesungen:

Im Jordan sah Johannes dich auf sich zukommen
und sprach: Christus mein Gott,
was kommst zu deinem Knechte du,
du der Herr und ohne Makel.
Im Namen wessen soll ich dich taufen?
Des Vaters? Doch in dir selbst trägst du ihn.
Des Sohnes? Doch du bist es selbst, der Fleischgewordene.
Des Heiligen Geistes? Doch du verleihst ihn ja den Gläubigen.
Durch das Wort deines Mundes,
der du erschienen bist, Christus Gott, erbarme dich unser.

Das Meer sah es und floh,
der Jordan wandte den Lauf zurück.

 Tafel 13: Weihnacht im Aufgrünen der Erde. Evangeliar des 14. Jahrhunderts. ▶

Tafel 14: Taufe Jesu. Königin-Keran-Evangeliar. ▶

Tafel 15: Taufe Jesu. Evangeliar des 14. Jahrhunderts. ▶

Tafel 16: Verklärung. Königin-Keran-Evangeliar. ▶

Tafel 17: Auferweckung des Lazarus. Königin-Keran-Evangeliar. ▶

Tafel 18: Einzug Jesu in Jerusalem. Evangeliar der Königin Mariun. ▶

Es sahen dich, Gott, die Wasser,
es sahen dich die Wasser und erschraken.
Zu deiner Herrlichkeit können selbst die Cherubim nicht aufsehn,
noch die Seraphim sie schauen,
vielmehr umstehen sie dich in Furcht,
die einen tragen dich, die andern rühmen dich.
Mit ihnen singen, Gütiger, auch wir dein Lob,
sprechen: der du erschienen bist, Christus Gott,
erbarme dich unser.

Was ist dir, Meer, daß du fliehst,
dir, Jordan, daß du wendest den Lauf zurück?

Heut kommt der Schöpfer Himmels und der Erde
im Fleische zum Jordan.
Die Taufe verlangt der Sündelose,
auf daß die Welt er befreie von der Bosheit des Feinds.
Getauft wird von seinem Knecht der Herr des Alls
und schenkt im Wasser dem Menschengeschlecht Vergebung.
Ihm laßt uns rufen: der du erschienen bist, Christus Gott,
erbarme dich unser.[17)]

Am Bild der Taufe Christi aus dem armenischen Evangeliar des 14. Jahrhunderts (Tafel 15), dem (Tafel 15)
auch das Bild der „*Weihnacht im Aufgrünen der Erde*" entstammte (Tafel 13), läßt sich ablesen, welcher Reichtum der Variation eines Themas entstehen kann, wenn die Grundgestalt eines Bildes und zugleich die unverrückbare Glaubensgestalt des Wortes vorgegeben sind. Man kann diese Tafel die Ekstase des Mysteriums der Taufe Jesu nennen. Berge türmen sich in wenigen Farbstrichen zur Illu-

sion steiler Höhe, der Täufer springt über die Berge, die Engel mit ihren schweren, fast etruskischen Gesichtern erscheinen vor der Steilwand eines Berges mit ihren Gewandtüchern in staunender Stummheit, der Jordan ist ins Rauschen gebracht und die Fische darin tanzen in Paaren. Ähnlich wie beim Weihnachtsbild ist auch hier der verborgene Jubel der Schöpfung ins Zeichen gebracht, die „stumme" Kreatur der Fische scheint von der Ahnung dessen, der da gekommen ist, durchdrungen. Der Sohn, der in die Wasser hinabstieg, ist ja weit mehr als jener erste Adam, der den Tieren den Namen gab, der Sohn ist selbst der Schöpfer der Welt.

Unter allen Bildern, die die armenische Kirche hervorgebracht hat, ist das Bild der Verklärung
(Tafel 16) Christi aus dem Königin Keran-Evangeliar von 1272 (Tafel 16) vielleicht das eindringlichste und am wenigsten einsinnige. Es ist wie ein Geschenk der Kirche Armeniens an die ganze Christenheit. Ohne jeglichen Naturalismus und weitab von allem szenischen Denken wurde hier der Verklärungsbericht des Neuen Testamentes zur Bezeugung erfahrbarer, räumlicher Intensität:

Der Berg Tabor steigt wie ein Wirbel in drei Spitzen auf, die Apostel Jakobus und Johannes sind in die Falten des Berges stürzend geschmiegt, nur Petrus wagt es, sich aufzurichten und die Seligkeit dieses Lichtes zu preisen. Auf den fußengen Terrassen der Bergspitzen erscheinen außen Moses und Elias in farbiger Gewandung wie in der Brechung eines inneren Lichtes, das sie berührt hat. In der Mitte steht weißgewandet Christus in seiner menschlichen Gestalt mit der Buchrolle des göttlichen Planes und der erhobenen Rechten des Wortes. Die Goldfläche des Erdhintergrundes, das weite von der Sonne beschienene Land ist durch den Lichtausbruch des Sohnes zum erfaßbaren Raum geworden. In ihr erscheint die eigentliche Lichtquelle dunkel, ein blauschimmernder Kreis im Achtstrahl des achten, des abendlosen Tages. Aus diesem Dunkel ersteigt das verwandelnde Licht, der Sohn offenbart den gehaltenen Augen das Ziel der Weltzeit, um dessentwillen er gekommen ist, das selige Verweilen in der Glorie Gottes. Überdeutlich wirkt in der Gestalt des Sohnes der tiefe Ernst seiner Menschheit, das männliche Antlitz, das auch alle Leidensnacht auszuloten scheint.

Wenn man bedenkt, daß ein solches Bild in einer Kirche wie der armenischen entstanden ist, die in allen Jahrhunderten der Christenheit die größte Teilhabe an der Passion des Menschensohnes erleiden mußte, dann glaubt man, daß hier die ganze Erfahrung des Glaubens, die sich in den Worten der Väter spiegelt, bildgeworden ist. Im östlichen Hymnus am Fest der Verklärung heißt es:

Du hast dich umgestaltet auf dem Berge, o Christus, Gott, und über deine Herrlichkeit ergriff solches Staunen Deine Jünger, daß sie verstanden, als sie Dich als Gekreuzigten erblickten, daß Deine Leiden freiwillig seien, und sie verkündeten der Welt, daß Du wahrhaft der Abglanz des Vaters seiest.[18)]

Aus dem Königin Keran-Evangeliar entstammt auch das folgende unmittelbar an das Bild der Verklärung auf Tabor anschließende Thema der Auferweckung des Lazarus aus der Nacht des Todes (Tafel 17). Soviele Parallelen man bei diesem Thema in der byzantinischen und abendländischen Buchmalerei auch finden mag, soviele teilweise übereinstimmende Einzelzüge in der Komposition, so sehr bleibt auch dieses Bild wegen seiner unmittelbaren Erfahrungstiefe armenisches Eigengut: (Tafel 17)

Wie Wogen aufstürzende Berge sind mit Ästen und schweren Dolden von Bäumen verschwistert. Im Berg rechts die Grabhöhle des Lazarus, dessen Glorie die Todesfinsternis auf Geheiß des Sohnes besiegt hat. Der Diener hält sich wegen des Geruches die Nase zu, die Verwandtschaft ist über und um den Berg verteilt. Nur Maria und Martha knien zu Füßen Jesu, der mit seinen Jüngern von links in das Bild eintritt. Seine ausgestreckte Rechte inmitten des Goldgrundes wird zum lebenerweckenden Zeichen des Wortes. *„Lazarus, komm heraus!“* (Joh 11,43) Trotz der Vielzahl der Gestalten bleibt (gleichsam vom Taborgeschehen her) eine elementare Eindeutigkeit. Der Sohn, der die Seinen auf Tabor den Glanz der Gestalt der kommenden Weltzeit schauen ließ, ist der einzige, der den Fluch des Todes zu brechen vermag und an Lazarus deutlich werden läßt, was die Glaubenden von ihm erwarten dürfen.

In den Eingangsliedern zur armenischen Meßfeier am Lazarustag wird gesungen:

Des Lazarus Entschlafen sagtest du
in deinem Vorherwissen voraus;
ja auch nach Bethanien gingst du,
um aufzuwecken deinen geliebten Freund.
Deshalb rufen wir zu dir und sprechen:
Gepriesen, da du kommst in das Leiden
nach dem Willen des Vaters
zur Erlösung unserer Seelen.

Als der Lebenspender zum Grab des Lazarus gekommen war,
rief er mit heilverkündender Stimme und sprach:
Lazarus, stehe auf, komm heraus!
Und wirklich erstand der Tote aus dem Grabe,
und er gab das Geschenk der Unsterblichkeit seinem Freund.
Er rief ihn mit göttlicher Stimme aus dem Grabe.
Deswegen priesen auch die Kinder der Habräer
mit Zweigen deine unsterbliche Herrlichkeit:
Hosianna, gepriesen deine Ankunft!

Preis in den Höhen!
Gepriesen, der du kommst in Namen des Herrn.[19)]

(Tafel 18) Der Einzug Jesu in Jerusalem aus dem Evangeliar des Nerses und Sargis Pidzak vom Jahre 1346 aus Jerusalem (Tafel 18) zeigt auf goldenem Grund am Geschehen des Palmsonntags schon den vollen Ostersieg des Menschensohnes. Sein Einreiten auf dem Esel in die heilige Stadt gleicht einem königlichen Siegeszug. Von links treten zwei Apostel ins Bild, rechts gehen die Stadtväter von Jerusalem dem Herrn entgegen, unten breitet die Königin Mariun mit den Kindern der Hebräer die

Kleider aus, oben im Bild links werden Palmzweige vom Baum geschnitten. Alle feierliche Erwartung wird überragt vom thronenden Christus, der auf dem Esel wie auf einem Hügel seinen herrscherlichen Sitz eingenommen hat. Das wie aus einer anderen Welt aufleuchtende Antlitz des Herrn umfaßt bereits die Spanne zwischen Tod und Auferstehung, als wäre es ganz der Vollendung des Heilsplanes durch den Vater zugewandt. Alle Bewegung im Bild mündet hier in eine feierliche Ruhe, die bereits den Atem der Ewigkeit in sich trägt.

Im Eingangslied der armenischen Liturgie vom Psalmsonntag heißt es:

Freue dich, Jerusalem,
und schmücke dein Brautgemach, Zion!
Siehe, dein König, Christus, kommt;
er sitzt auf einem jungen Esel voller Sanftmut.
Er geht ein in dein Brautgemach, Zion,
und wir rufen: Hosanna!
Gepriesen, der da kommt im Namen des Herrn,
der das große Erbarmen hat![20]

Nerses Schnorhali singt in seinem Palmsonntag-Hymnus:

Ob des Festes des Herrn, heute,
kommt und jubilieret!
Es freuen sich die Himmel heute,
die geistige Welt.
Erneuert wird die Erde heute
durch des Erlösers Kommen.
Loblieder singen die Kinder
Zweige tragend: Hosanna, gebenedeit!

Der Meister aller Wesen, heute
ist er in Zion eingezogen.
Des freuen sich Zions Kinder
und eilen ihm entgegen.
Loblieder singt Sacharja
der Tochter Zions
‚Aus Liebe sich erniedrigend
sitzt er auf einem Eselsfohlen!‘ —
eine Gabe von Propheten im Wort
und von Kindern im Rufen;
mit ihnen singen wir den Lobpreis
zur Ankunft des Erlösers.[21)]

So wie im Einzug des Herrn in Jerusalem im Evangeliar der Königin Mariun (Tafel 18) bereits der Ostersieg in der auf dem Esel reitenden Gestalt des Sohnes vorweggenommen ist, so ist in der Tafel (Tafel 19) des Abendmahles vom Königin Keran-Evangeliar (Tafel 19) bereits der Eindruck erweckt, daß unter dem blauen Baldachin des Coenaculums von Jerusalem, unter dem Christus (seitlich links) mit den Seinen zu Tisch sitzt, bereits die ganze Erlösung, die sich im blutigen Todesdrama vollenden wird, hier in einem Deutezeichen zuvor erfüllt wird. Der Herr übergibt seinen Aposteln sein Vermächtnis im Brot und im Kelch, im Brot und im Wein seinen Leib und sein Blut, aber er sagt aus, daß einer unter ihnen sei, der ihn an die Macht der Finsternis übergibt. Johannes an der Seite des Herrn scheint ihn zu fragen: „*Wer ist es, der dich verraten wird?*“ (Joh 13,25) und erhält vom Sohn die Antwort: „*Der ist es, dem ich den Bissen eintauchen und geben werde*“ (Joh 13,26). Auf diesem Bild scheint sich der Text des Johannes mit dem des Matthäus (Mt 26,23) zu überschneiden, denn Judas taucht hier vor allen selbst sein Brot in die Schüssel, aber dadurch ist auch das Zeichen des Verrates ganz offenbar. Die größte Überlieferung des Sohnes an die Seinen wird zur größten Überlieferung des Sohnes durch den Verräter.

Tafel 19: Abendmahl. Königin-Keran-Evangeliar. ▶

Tafel 20: Fußwaschung. Königin-Keran-Evangeliar. ▶

Tafel 21: Apostelkommunion. Evangeliar des 14. Jahrhunderts. ▶

Tafel 22: Kreuzigung. Prinzessin-Keran-Evangeliar. ▶

Tafel 23: Kreuzabnahme Jesu. Prinzessin-Keran-Evangeliar. ▶

Tafel 24: Grablegung Jesu. Evangeliar der Königin Mariun. ▶

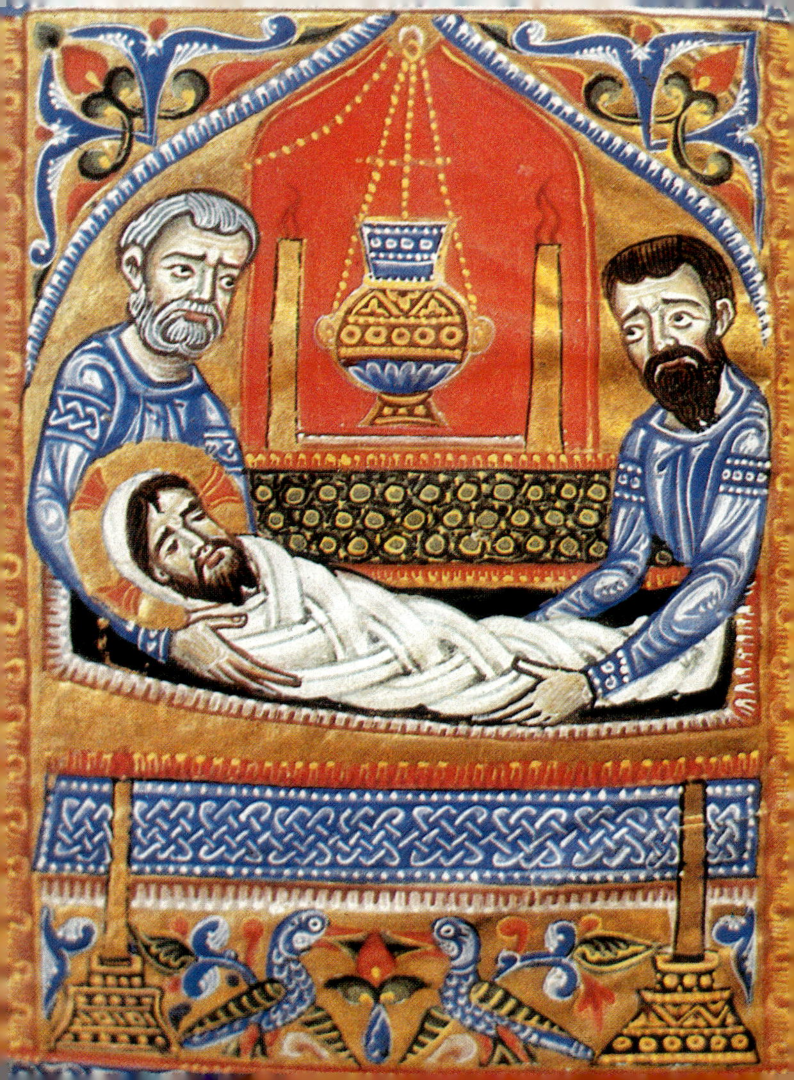

Im Stundengebet der orthodoxen Kirche wird am Gründonnerstag die Tat des Judas beschrieben und mit der Bitte der Gläubigen an den Herrn verbunden, daß er sie vor solcher Unmenschlichkeit bewahre:

Judas ist fürwahr ein Kind der Nattern, die das Manna in der Wüste aßen und wider den Ernährer murrten. Denn noch waren die Speisen in ihrem Munde, da verlästerten die Undankbaren ihren Gott. Und dieser Gottvergessene trug das Himmelsbrot im Munde und verübte wider den Heiland den Verrat. O der unersättlichen Gesinnung, der unmenschlichen Bosheit. Er verkaufte den, der ihn nährte, und den Herrn, den er liebte, übergab er dem Tod. Wahrlich der Gesetzlose ist ein Sohn jener, und mit ihnen erkor er sich das Verderben. Wohlan, Herr, bewahre vor solcher Unmenschlichkeit unsere Seelen, denn du bist allein voll unvergleichlicher Langmut.

Zu deinem mystischen Mahle, Gottes Sohn, lade heute mich als Tischgenossen ein. Denn ganz gewiß will ich das Geheimnis deinen Feinden nicht verraten. Nicht werde ich einen Kuß dir geben wie Judas, nein, gleich dem Räuber bekenne ich dir: Gedenke meiner, Herr, wenn du kommst in dein Reich.[22)]

Im Evangelium des Johannes wird die Einsetzung der Eucharistie, die bei den anderen Evangelisten genau dargestellt ist, geheimnisvoll verschwiegen. Dafür tritt bei Johannes beim Abendmahl ein anderes Zeichen in den Vordergrund, das ebenfalls die äußerste Hingabe Jesu an die Seinen darstellt und als prophetisches Deutezeichen im Hinweis auf die Eucharistie verstanden werden kann. Das Evangeliar der Königin Keran von 1272 hat dieses Ergebnis als eigene Tafel dargestellt (Tafel 20). (Tafel 20)
Der Herr erniedrigt sich unter die höher sitzenden Apostel, um an ihnen den Sklavendienst der Fußwaschung zu verrichten. Die Fußwaschung ist exemplarisch dargestellt an Petrus, der diesen Dienst Jesu verhindern will und zuletzt, da er das Wort des Herrn erkennt, doch annimmt. Die Bildtafel der Fußwaschung läßt in großer Unmittelbarkeit erkennen, was in den Stichera des orthodoxen Stundengebetes an Gründonnerstag von ihr in Bezug auf alle Gläubigen gesungen wird:

Der du dich mit einem Linnen umgürtet und den Jüngern die Füße gewaschen, Christus, o Gott, wasche ab den Schmutz unserer Seele, und umgürte uns mit geistigem Licht, damit wir deine Gebote halten und lobsingend deine Güte in Hymnen preisen, o Herr.

Einer großen Gnade sollen wir teilhaft werden. Drum, Gläubige, lasset uns in Ehrfurcht zur heiligen Fußwaschung schreiten, nicht vom Schmutze des Fleisches uns reinigend, nein, mystisch die Seelen heiligend. Denn Christus, unser Erlöser, der auf die Erde herabschaut und sie erzittern läßt, er neigt sich und ergreift die staubigen Füße, sichern Schritt gewährend wider jede Feindesgewalt. Zu ihm laßt dankbar uns rufen: Der du als besten Weg zur Erhöhung die Demut uns wiesest, als der Menschen Freund sei, Gütiger, unser Erretter.

Es scheute sich Petrus, seine Füße waschen zu lassen von den heiligen Händen, die den Adam gebildet. Doch er hörte das Wort: Wenn ich dich nicht wasche, hast du keinen Anteil an mir. Und so rief er denn, von großer Furcht geängstigt: Herr, wasche nicht nur die Füße, nein, die Hände auch und das Haupt. O der großen Gaben des Herrn. Teilhaft der Gnade macht er seine Jünger, verspricht ihnen, daß sie in der unsagbaren Herrlichkeit teilhaben sollen an ihm, wie er auch sagte beim mystischen Tranke, er werde mit ihnen aufs neue ihn trinken im Reiche der Himmel. Dieses Reiches würdige auch uns in deiner Güte und Menschenfreundlichkeit.[23)]

Noch ein drittes Mal ist in armenischen Handschriften das Geheimnis des Vermächtnisses Jesu dar-
(Tafel 21) gestellt (Tafel 21). Das Thema der sog. Apostelkommunion, das auch in den Apsiden hinter der Bilderwand seit früher Zeit in Fresken im gesamten christlichen Osten dargestellt ist, will am Beispiel der Apostel allen Gläubigen sinnenfällig zeigen, in welcher Ehrfurcht und Ergriffenheit sich der Gläubige den heiligen Gestalten nahen muß, in denen Christus selber sich den Seinen darreicht. In jenem Evangeliar, das bereits die Weihnacht im Aufgrünen der Erde (Tafel 13) und die Taufe Jesu im Jordan (Tafel 15) zeigte und an dem man ekstatische Formen wahrnehmen konnte, ist auch die Apostelkommunion dargestellt (Tafel 21). Staunende und von innen ergriffene Gesich-

ter nahen sich unter dem Baldachin des Altares dem Gnadenthron, vor dem Christus selbst den Seinen sein Vermächtnis im Kelche darreicht.

So singt die armenische Kirche im Heilig-Lied am Gründonnerstag:

Du thronst auf feurigem Wagen,
unaussprechliches WORT Gottes.
Herabgestiegen vom Himmel wegen deiner Geschöpfe,
hast du dich heute gewürdigt,
mit deinen Jüngern zu Tische zu sitzen.
Die Seraphim und die Cherubim
verwunderten sich gar sehr,
und die Mächte und himmlischen Gewalten
riefen voller Staunen:
Heilig, heilig, heilig
ist der Herr der Heerscharen![24)]

und der Sänger Nerses Schnorhali singt über das Geheimnis der Ankunft Jesu im Gläubigen:

Am Tag die schattige Wolke
und nachts die lichte Säule schauten jene,
doch mir ist Licht des WORTES Weisheit
und Schatten ist der Heil'ge Geist.

Dort war das Manna, das vergängliche;
denn die es aßen, starben,

doch hier dein Leib, der himmlische,
der Leben gibt dem Kostenden.

Das Wasser tranken jene, das der Fels erzeugte,
doch ich das Blut vom Felsen deiner Seite.
Für sie ward aufgehängt die eherne Schlange,
doch ich, am Kreuze schaute ich das Leben.

Moses Gesetz besaßen jene,
geschrieben auf die Tafel,
doch ich des Geistes Weisheit,
das Gottes-Evangelium.[25)]

Einen ganz neuen Akzent schenkt der Anblick der Kreuzigung Christi im armenischen Evangeliar (Tafel 22) der Prinzessin Keran, das im Jahre 1265 in Zilizien entstanden ist (Tafel 22). Die Darstellung Christi am Kreuz ist immer auch eine Darstellung der Erfahrung Christi, nicht nur des einzelnen Malers, sondern vor allem seiner Kirche, in der er beheimatet ist. Man möchte meinen, daß dieses Bild wie wenige andere eine Urerfahrung der armenischen Kirche ausspricht: So majestätisch das Kreuz vor den Toren Jerusalems, auf dem Felsenhügel, über dem Grab des ersten Adam, im goldenen Raumgrund des Bildes auch aufgerichtet sein mag, so einsam erscheint hochgehoben über alle Umstehung, kaum von der Lanze des Soldaten erreichbar, allein zwischen Sonne und Mond, Jesus im buchstäblichen Sinn als das Lamm Gottes, das alle Schuld der Welt auf sich geladen hat. Todeshingabe und reine Duldung der Todesqual werden im Menschensohn zum lebendigen Bild, das Erfahrung vermittelt. Der Soldat mit der gebogenen Lanze hat seinen Dienst zu versehen, Maria und Johannes erkennen in Bestürzung den Opfersinn dieses Todes, die heiligen Frauen schauen zum Sohne auf, der Hauptmann erkennt ihn als den Sohn Gottes. All das wird verdichtet im Blick auf den in große Höhe erhobenen Sohn, das reine Bild des geschlachteten Lammes.

Der Sänger Nerses Schnorhali kleidet den Anblick von Golgatha in ein Gebet:

Mit furchtbarer Stimme riefest du
und sprachest aus das „Eli, Eli".
Da zitterten die Festen der Erde,
die hohen Berge wankten,
das Zelt des Alten Bundes
zerriß von oben bis nach unten,
auftaten sich die Gräber,
der Heil'gen Leiber standen auf.
Der Sonne Licht verhüllte sich,
der Mittag ward zur Finsternis,
es wechselt' die Gestalt der Mond,
nahm Blutesfarbe an;
denn ihren Herrn entblößt am Kreuz
zu schauen, konnten sie nicht ertragen.
Die unvernünftigen Elemente bebten
statt der vernunftbegabten Welt.
Bewege denn, da sich die Felsen selbst bewegten,
das unbewegte Herz zum Guten hin
und meine Seele, die in Sünden ist erstorben,
erwecke gleich jenen Toten.
Sowie der Vorhang ward zerrissen
ob Adams Schuld,
zerreiß die alte Urkund' meiner Schuld,
wasch meiner Sünde Schuldbuch ab.
Da dort das Leuchtende verfinstert ward,

verjag von mir die Schar der Finsternis.
Sowie es licht ward um die neunte Stunde,
schaff wieder Licht in mir.
Der du am Kreuze wardst entblößt
für deines Erstgeschaffenen Blöße,
verhülle mich mit deiner Glorie
am großen Tage des Gerichtes.[26)]

Eindringlich und innig wirkt auch im gleichen Evangeliar das Bild der Kreuzabnahme Jesu durch
(Tafel 23) Joseph von Arimathäa und Nikodemus (Tafel 23). Während Maria die Schultern des Sohnes umfängt und nur durch ihr blaues Gewand sichtbar ist, spiegelt sich in Johannes ganz rechts noch das Weh über das grausame Geschehen. Nikodemus trägt bereits den toten Christus, während Joseph von Arimathäa noch die Nägel aus den Wunden der Füße zieht. In der Last des toten Christus wird seine Opferhingabe so eindringlich, daß man an alle Opfer des Alten Bundes denkt. In diesem Opfer sind sie alle überboten.

Im orthodoxen Stundengebet wird am Abend des Karfreitags gesungen:

Dich, der mit Licht wie mit einem Gewande sich umkleidet, nahm Joseph gemeinsam mit Nikodemus vom Holze herab, und da er den Leichnam nackt und unbestattet erblickte, stimmte er mitleiderfüllt ein Trauerlied an, und wehklagend sprach er: Weh mir, süßester Jesus, jüngst noch sah dich die Sonne hangend am Kreuz und umgab sich mit Dunkel, und es erbebte vor Schrecken die Erde, und es zerriß der Vorhang des Tempels. Doch siehe, nun schaue ich dich, der um meinetwillen freiwillig den Tod auf sich nahm. Wie soll ich meine Dienste dir weihen, mein Gott? Oder wie in Linnen dich hüllen? Wie mit Händen berühren deinen schuldlosen Leib, oder was für Lieder singen deinem Scheiden, Erbarmer? Ich preise deine Leiden, singe Hymnen, auch deinem Grabe samt der Auferstehung jubelnd: Herr, Ehre sei dir.[27]

Tafel 25: Totenfahrt Jesu. Prinzessin-Keran-Evangeliar. ▶

ՅԱՐՈՒԹԻՒՆ
ՏՆ

Tafel 26: Osterengel und Frauen am Grabe. Zweites Prinz-Vasak-Evangeliar. ▶

148 Tafel 27: Begegnung des Auferstandenen mit Thomas. Zweites Prinz-Vasak-Evangeliar. ▶

Tafel 28: Himmelfahrt Christi. Evangeliar des 14. Jahrhunderts. ▶

Tafel 29: Pfingsten. Evangeliar des 17. Jahrhunderts. ▶

Tafel 30: Johannes schaut den wiederkehrenden Christus.
Evangeliar des 17. Jahrhunderts. ▶

Die Tafel der Grablegung Christi im Evangeliar des Nerses und Sargis Pidzak von 1346 stellt eine Liturgie der Bestattung des Sohnes unter brennenden Kerzen und der Ampel über dem Grabesort in Jerusalem dar (Tafel 24). Wie im Bilde von Bethlehem erscheint der tote Christus gleich einem (Tafel 24) Brot, hier aber eher wie das Weizenkorn, das in die Erde fällt und stirbt, damit es viele Frucht bringt. Die innige Bildhaftigkeit dieser Tafel ist ein Ausdruck jener Gebetstiefe, wie sie im orthodoxen Stundengebet am Karsamstag in den Stichera zu Psalm 148 gesungen wird:

Heute umschließt den ein Grab, der mit seiner Hand die Schöpfung umschließt. Ein Stein bedeckt den, der mit Herrlichkeit bedeckt die Himmel. Es schlummert das Leben, und der Hades erbebt, und Adam wird von den Fesseln befreit. Ehre sei deinem Heilsplan, durch den du alles vollendet hast, als Gott uns die ewige Sabbatruhe geschenkt hast durch deine allheilige Auferstehung von den Toten.

Was für ein Schauspiel siehet man jetzt? Was bedeutet die gegenwärtige Ruhe? Der König der Äonen hat seinen Heilsplan durch seine Leiden vollendet, feiert den Sabbat im Grab, uns eine neue Sabbatruhe gewährend. Zu ihm lasset uns rufen: Stehe auf, o Gott, richte die Erde. Denn du herrschest in die Äonen, der du ohne Maß bist in deinem großen Erbarmen.

Kommt her, laßt uns unser Leben schauen, das im Grab liegt, um Leben zu geben denen, die in den Gräbern ruhen. Kommt her, laßt uns heute zu unserm Gott aus Juda, dem schlafenden, rufen mit dem Propheten: Zur Ruhe hast du dich gelegt, liegst da wie ein Löwe. Wer wird, König, dich wecken? Wohlan, stehe auf aus eigener Kraft, der du für uns in den Tod dich gabst. Herr, Ehre sei dir.[28)]

Das Bild der Totenfahrt Christi, das für den christlichen Osten, auch für Armenien das entscheidende Osterbild genannt werden kann, ist dem abendländischen Denken nahezu verlorengegangen. Während das Abendland sich seit der Scholastik mehr oder weniger einseitig mit dem Sühnetod Christi am Kreuz befaßte und die Auferstehung dann wie eine göttliche Zugabe ansah, wird der christliche Osten nicht müde, Tod und Auferstehung des Herrn als Einheit, als die rettende Heilstat des Sohnes zu erkennen. So sehr man das Kreuz als Zeichen der äußersten Erniedrigung und Duldung um der Last der Sünde willen anschaut, so sehr ist doch der Todessieg, die Auferstehung, das eigentliche rettende, heilbringende Ereignis. Niemals hätte der christliche Osten auch nur einen Augenblick dabei verweilt, die Auferstehung nur als Zeichen der Macht des Vaters oder nur als Siegesgabe an den Sohn anzusehen. Für ihn bilden beide Geschehnisse, Tod und Auferstehung, das eine nicht ohne das andere, die Einheit der Erlösung.

Im Bild der Totenfahrt Jesu wird diese Einheit der Erlösung beschworen. Der Sohn wird nicht um seinetwillen vom Vater erweckt und er steigt nicht um seinetwillen aus dem Grab (um jetzt endlich nach vollbrachter Tat zum Vater heimzukehren), sondern auch seine Auferstehung geschieht um unserwillen, ja sogar gerade darum, damit er am Menschen, an Adam, dem Mann aus Erde, seine universale Heilstat offenbaren kann. In der Auferstehung des Sohnes erst wird seine uneingeschränkte Hingabe an den Menschen eröffnet.

Dieser Vorgang wird im Bild der Totenfahrt Christi aus dem armenischen Prinzessin-Keran-
(Tafel 25) Evangeliar von 1265 nahezu universal ins Bild gerückt (Tafel 25). Über den zerbrochenen Toren der Unterwelt, vor der Stadtmauer der Trennung von aller irdischen Welt erscheint im goldenen Raumgrund niedersteigend der weißgewandete Sohn mit dem Siegeskreuz der Heilstat seiner Erlösung. Die Stammeltern Adam und Eva am linken Bildgrund sind flehentlich zu ihm aufgerichtet, die Könige David und Salomon weisen rechts zusammen mit dem Täufer, stellvertretend auf alle Gerechten des Alten Bundes, die er nun ganz erlöst hat, da er auch in seiner Auferstehung zuerst nicht an sich, sondern an den Menschen, an den Stammvater Adam, der *„allen am inwendigsten ist"*, dachte, um ihn aus dem Tod der Schuld zu erretten.

Nerses Schnorhali singt von diesem Ereignis der Befreiung durch den Tod Christi:

Die Erde in ihrem Fundament,
von den Abgründen aus, erbebte sie;
die Felsen spalteten sich, und die Gräber taten sich auf.
Die Unterwelt erschauert', erschüttert ward der grause Kerker,
entließ die Seelen, die dort in ihr gefesselt waren.
Durch den furchtbaren Ruf des lebenschaffenden Herrn Jesus
wurden frei die Seelen, die im Kerker waren.
Da unser Lebensschöpfer hinunterstieg in jene Tiefen,
erleuchtet' er, die dort in der Finsternis saßen,
führt' sie empor zum Himmel
und reiht' sie ein den körperlosen, himmlischen Scharen.
Des strahlenden Lichtes des Brautgemaches würdigte er sie,
der königlichen Hochzeit des heiligen Bräutigams,
wo die erstgeborenen Kinder der heiligen Mutter Zion,
die Erben des Schoßes Abrahams, ihres Vaters dort oben,
wo die Chöre der Gerechten, der ganzen heiligen Schar
sich freuen zur Rechten der Herrlichkeit des heiligen Bräutigams.
Ihm singen auch wir mit dem Vater und dem Heiligen Geist:
Auf ewig sei Glorie dem gekreuzigten unsterblichen WORT![29]

Während sich nach dem Tod des Herrn in verborgenen Tiefen der Welt die Befreiung Adams vollzieht, wandern in der Frühe des Ostermorgens noch vor dem Sonnenlicht die salbentragenden Frauen, die auch in allen Kirchen des Ostens wie im frühen Westen als der wache Sinn der ganzen Menschheit angesehen werden, zum Grab des Herrn, um dort den Dienst der Salbung des Leichnams Jesu nach dem Sabbat zu vollziehen.

(Tafel 26) Im zweiten Prinz-Vasak-Evangeliar (Tafel 26) erscheinen die heiligen Frauen zaghaft fragend von links und begegnen der alles überragenden Gestalt des Osterengels, der auf das leere Grab mit den Tüchern weist und den Frauen die Botschaft der Auferstehung verkündet, während die Grabeswächter am Boden niedergekauert schlafen.

Im Osterhymnus nach der Liturgie sind alle Menschen in den Jubel der Auferstehung gerufen:

Heute ist von den Toten auferstanden
der unsterbliche und himmlische Bräutigam.
Botschaft der Freude dir,
Braut von der Erde, Kirche!
Lobe mit jauchzender Stimme deinen Gott, Zion!

Heute hat das unaussprechliche Licht
mit Licht deine Kinder erleuchtet.
Werde Licht, Jerusalem;
denn es ist auferstanden Christus, dein Licht!
Lobe mit jauchzender Stimme deinen Gott, Zion!

Heute ist die Finsternis der Unwissenheit
verbannt worden durch das dreifache Licht,
und dir ist ein Licht des Wissens aufgegangen:
Christus, der von den Toten erstand.
Lobe mit jauchzender Stimme deinen Gott, Zion!

Heute feiern wir Ostern dank der Opferung Christi.
Feiern wir mit Freude!

Da wir von der alten Sünde gereinigt sind,
laßt uns sprechen: Christus ist von den Toten erstanden!
Lobe mit jauchzender Stimme deinen Gott, Zion!

Heute hat der lichtstrahlende Engel,
vom Himmel niedersteigend, die Wächter aufgeschreckt
und den heiligen Frauen verkündet:
Christus ist von den Toten erstanden.
Lobe mit jauchzender Stimme deinen Gott, Zion!

Heute sind wir als neues Israel zu Christus gerufen,
befreit durch das Blut des Gotteslammes.
Laßt uns jauchzen und mit den Himmlischen sprechen:
Christus ist von den Toten erstanden!
Lobe mit jauchzender Stimme deinen Gott, Zion![30]

Der Sänger Nerses Schnorhali läßt in seinem Hymnus auf das Mysterium der Auferstehung die Botschaft des Engels an die heiligen Frauen zum Siegesruf an die ganze Welt werden:

. . . Die Liebe selber ward ins Grab gelegt,
aus Liebe klagten die ölbringenden Frauen.
Der ölbringenden Frauen Tränen
wurden gestillt, da sie sahen den Geliebten.
Der Geliebte, beim Sehnen der Suchenden
rief er: Naht mir nicht!
Genahet war der Engel dem Felsen
und kündet' an, zu den Ölbringerinnen redend:

Euch sei die Botschaft!

Erstanden ist der König der Herrlichkeit.

Botschaft!

Was sucht ihr den Unsterblichen bei den Toten?

Große Botschaft!

Erweckt hat er Adams Natur.

Botschaft!

Aufgerichtet die zu Boden gesunkene Stammesmutter.

Große Botschaft!

Erzählt es den Scharen Petri.

Botschaft!

Johannes, dem heiligen Lieblingsjünger.

Große Botschaft!

Christus ist erstanden; stehet auf mit ihm!

Botschaft!

Ihr Menschenkinder, heute jubilieret!

Große Botschaft!

Christus stieg empor; steiget auf mit ihm!

Botschaft!

Ihr Erdenbürger, werdet himmlisch!

Große Botschaft!

Heute wurden aufgetan der Unterwelt Tore.

Botschaft!

Emporstiegen die Seelen, die darin gefesselt waren.

Große Botschaft!

Heute ist der Tod gestorben durch das Leben.

Botschaft!

 Tafel 31: Die klugen und törichten Jungfrauen. Evangeliar des 17. Jahrhunderts. ▶

Tafel 32: König Leo II. und Königin Keran mit dem wiederkehrenden Christus.
Evangeliar der Königin Keran. ▶

Gebrochen ward die Finsternis, gegründet das Licht.

Große Botschaft!

Heute sind wir zur neuen Schöpfung in Christus geworden.

Laßt uns singen dem Erneuerer mitsamt den Engeln:

Gloria in der Höhe![31)]

Auch die Begegnung des auferstandenen Christus mit dem „ungläubigen Thomas" hat in der armenischen Tradition wie im gesamten christlichen Osten, ihren festen Platz. Während man in der abendländischen Christenheit oftmals den ungläubigen Thomas, der endlich handfeste Beweise von der Auferstehung des Herrn haben will, als eine Art Dümmling gegen den Glauben der übrigen Apostel auszuspielen sucht, bedeutet er dem christlichen Osten eine Gestalt des Staunens für die übrigen Apostel. Sie bewundern seinen Mut, mit welch ungläubiger Entschiedenheit er sich dem Auferstandenen naht.

Im zweiten Prinz-Vasak-Evangeliar der armenischen Kirche (nach 1275) spiegelt sich das Staunen der Apostel vor dem Mut des Thomas (Tafel 27) auf den Ruf des Auferstandenen hin, vor diesen (Tafel 27) zu treten: *„Leg' deinen Finger in meine Hände und deine Hand in meine Seite und sei nicht ungläubig, sondern gläubig"* (Joh 21,27). Thomas berührt, von der Hand des Sohnes am Gelenk gefaßt, die Seitenwunde des Auferstandenen, die übrigen Apostel staunen.

Im Stundengebet des christlichen Ostens wird von Thomas am Sonntag nach Ostern in den Stichera zu Psalm 147 gesungen:

O des überraschenden Wunders. Der Unglaube hat sicheren Glauben gezeugt. Denn gesprochen hat Thomas: wenn ich nicht sehe, werde ich nicht glauben. Doch als er die Seite berührt, hat er den Fleischgewordenen als Gott, als Gottes Sohn, bekannt, erkannt als den, der im Fleisch gelitten. Und er ward des auferstandenen Gottes Künder. Mit heller Stimme hat er gerufen: Mein Herr und mein Gott, Ehre sei dir.

O des überraschenden Wunders. Das Gras, das berührte das Feuer, es ist gerettet. Denn als Thomas die Hand in Jesu Christi, Gottes feuerflammende Seite legte, ward er durch die Berührung nimmer verbrannt. Denn der Seele Unglauben hat er heiß in Glauben verwandelt. Aus der Seele Tiefen hat er gerufen: Du, Herr, bist auch mein Gott, der von den Toten erstanden. Ehre sei dir.[32)]

Im Bild der Himmelfahrt des Herrn, seines Heimgangs zum Vater, vollendet sich das Geheimnis der Auferstehung. Während man oft im Westen dieses Ereignis, falls man es nicht gänzlich verleugnet, als Schmerz und Verlassenheit der Apostel durch den zum Vater heimkehrenden Christus kennzeichnet, ist es im christlichen Osten durchweg (wie auch im frühen Westen) von einem sonderbaren Jubel erfüllt.

Das armenische Evangeliar des 14. Jahrhunderts, dem wir das Bild der Weihnacht im Aufgrünen der Erde (Tafel 13) und das Bild der Taufe im Jordan (Tafel 15) verdanken, enthält auch ein Bild
(Tafel 28) des Heimgangs Jesus zum Vater, das als eine ekstatisches Ereignis bezeichnet werden kann (Tafel 28). Mit ihren Gesichtern und Händen scheinen auf dem Schollengrund der Erde Maria und die Apostel den Heimgang Jesu nach oben zu begleiten, keineswegs menschlich bestürzt, sondern eher staunend ergriffen, als würden sie in ihren Gebärden zum Ausdruck bringen, daß das Ereignis der Himmelfahrt des Herrn das einzige Unterpfand ihrer und aller Menschen Seligkeit und Unsterblichkeit darstellt, weil der auferstandene Sohn in seinem Heimgang zum Vater die Gestalt des Menschen, die er durch Maria empfing, endgültig heimträgt zur Rechten des Vaters.

Der Gesang des Geist-Hymnus bei der Prozession zum Taufbrunnen grenzt an Urworte geistlicher Erkenntnis:

Die Sonne der Gerechtigkeit, Christus,
ging auf über der Welt,
vertrieb die Finsternis der Unwissenheit

und nach seinem Tode und der Auferstehung
fuhr er auf zum Vater,
von dem er gekommen war.
Er wird angebetet von den Himmlischen und den Irdischen
zusammen mit dem Vater und dem Heiligen Geist;
darum fallen wir nieder vor dem Vater
im Geist und in der Wahrheit.

An Stelle des WORTES,
das geboren aus dem Schoße des Vaters
und aufgefahren in den Himmel,
ward uns gesandt aus der Höhe der Geist der Wahrheit,
die Frohe Botschaft des Vaters,
um jene zu trösten, die durch Adam betrübt,
und um die Gemeinschaft der auserwählten Apostel
mit Feuer zu wappnen;
darum fallen wir nieder vor dem Vater
im Geist und in der Wahrheit.

An diesem Tage wurden die Geburtswehen,
die leidvollen und nächtlichen,
der Urmutter gelöst;
denn jene, die geboren waren im Fleisch
zu Tod und Verderben,
wurden aufs neue geboren durch den Geist,
um Söhne zu werden des Lichtes des himmlischen Vaters;
darum fallen wir nieder vor dem Vater
im Geist und in der Wahrheit.[33]

Das bekannte Pfingstbild der orthodoxen Kirche wird auch in Armenien vielfältig dargestellt: Die im Saal von Jerusalem versammelten Apostel werden von den Feuerströmen des Geistes überwölbt, während in einem unteren Torbogen der König der Welt mit verschiedenen Vertretern der Völker sichtbar wird, von den Dunkelhäutigen bis zu den Kynokephalen (Hundsköpfigen), die man am äußeren Rand der Welt annahm. Zu allen sollte das apostolische Zeugnis, das Wort der Wahrheit dringen.

Ganz anders und in neuem Sinne eindringlich wirkt dagegen das späte Pfingstbild aus dem armenischen Evangeliar des 17. Jahrhunderts in Jerusalem (Tafel 29). Im oberen Raum sind die Apostel in zwei Reihen gegliedert. Im unteren Raum wird in einem offenen Tor der König der Welt mit den Völkern sichtbar. Aber aus der oberen Mitte stürzt der Pfingstgeist mit seinen Feuerströmen über die Apostel nieder, die um den Tisch mit dem heiligen Mahl des Vermächtnisses Jesu versammelt sind. Auf dem Tisch steht der Kelch. Darüber schwebt der Geist, der nach urkirchlicher Auffassung der Konsekrator der heiligen Gaben ist. Das Priesteramt ist ein Amt der Herabrufung des Geistes. Der Geist selbst konsekriert die Gaben, Brot und Kelch, die Speise der Gläubigen in der langen Wanderschaft der Geschichte.

(Tafel 29)

Der Pfingsthymnus des Nerses Schnorhali scheint genau dieses Ereignis in den Gesang zu heben:

Gleich dem Vater und dem Sohn,
Geist, unerschaffen und wesenseins,
unerforschlich hervorgegangen
aus dem Vater
und unaussprechlich genommen
vom Sohn,
heute bist du hinabgestiegen in den Abendmahlssaal,
mit deinem Geist der Gnade

den Durst zu löschen der Apostel.
Auch uns gewähre zu trinken
erbarmungsvoll
aus deinem Kelch
der Weisheit.

Du, Schöpfer aller Wesen,
schwebtest über den Wassern
und wurdest auch uns im Gnadenbrunnen
geschenkt von dem dir wesensgleichen Sohn;
voller Güte liebkost du uns
wie eine Taube
und läßt die Menschen wiedergeboren werden
in göttlicher Weise.
Auch uns gewähre zu trinken
erbarmungsvoll
aus deinem Kelch
der Weisheit.

Herr der himmlischen Engel,
der körperlosen,
und der irdischen Menschen,
mit Vernunft begabt,
du machst Propheten aus Hirten
und Apostel aus Fischern,
Evangelisten aus Zöllnern
und Prediger aus Verfolgern.

Auch uns gewähre zu trinken
erbarmungsvoll
aus deinem Kelch
der Weisheit.[34)]

(Tafel 30) Aus der Stärkung mit dem Brot des Lebens in der Kraft der Verwandlung durch den Heiligen Geist wachsen in den Gläubigen erst Zuversicht und Mut, trotz aller Bedrängnis des irdischen Lebens dem wiederkehrenden Christus unbeirrt entgegenzuwandern. Der Glaube allein, verbunden mit dem Genuß des Lebensbrotes, läßt das Geheimnis der Wiederkehr des Sohnes zur innigsten Gewißheit werden. Während in der östlichen Kirche im Gegensatz zum Abendland nur selten Bilder der Apokalypse, des letzten Buches des Neuen Testamentes, zur Darstellung gelangen, läßt das armenische Evangeliar des 17. Jahrhunderts aus Jerusalem (Tafel 30) am unteren Bildrand den Seher der Geheimen Offenbarung sichtbar werden, dessen Gesicht über einem Altare im Zeichen des Menschensohnes, dem Kreuz, zum Ausdruck gelangt. Zwischen Sonne und Mond und den Posaunen blasenden Engeln im Weltgeviert erscheint der wiederkehrende Herr, der die Völker in seine Königsherrschaft heimruft. Diese Schau des wiederkehrenden Herrn beschreibt der Parusie-Hymnus des Gregor von Narek:

Wenn die Strahlen deiner Güte und Herrlichkeit,
die keine Schatten werfen, hervorbrechen,
dann schmelzen die Sünden dahin,
werden die Dämonen verjagt.
Ausgelöscht sind unsere Verfehlungen,
zerbrochen die Fesseln, die uns banden,
aufgesprengt die Ketten.
Wiedergeboren zum Leben werden die, die tot waren.
Dann sind die Verletzungen geheilt,

vernarbt die Wunden,
zunichte gemacht, was Fäulnis war.
Es verschwinden alle Traurigkeiten.
Es hört das Stöhnen auf.
Entflohen sind die Finsternisse,
zerteilt ist der Nebel,
weggeblasen ist der Dunst.
Es lichtet sich das Undurchdringliche.
Die mähliche Dämmerung kommt zu ihrer Vollendung.
Das Dunkel entweicht.
Fort eilt die Nacht.
Damit ist die Angst gebannt,
sind die Übel, an denen wir leiden, überwunden,
sind die Hoffnungslosigkeiten aus dem Horizont verschwunden.
Denn erkennbar ist: Deine allmächtige Hand regiert;
du hast ja für alle gesühnt.[35)]

Für die gesamte Christenheit bleibt in der Erkenntnis der großen Ereignisse des Heils im Jahreskranz der liturgischen Feier immer die bange Frage übrig, wie man denn dem wiederkehrenden Herrn entgegenzugehen vermag, welche Kräfte man aufbieten muß, um alle Beanspruchung des alltäglichen Lebens zu überbieten.

Die armenische Kirche gibt auf diese Frage in ihrem Evangeliar des 17. Jahrhunderts zum Bild der klugen und törichten Jungfrauen eine deutliche Antwort (Tafel 31). Während unten rechts die tö- (Tafel 31) richten Jungfrauen im Weltschmerz versunken sind, werden oben vor blauem Grund die klugen als die Wachenden mit brennenden Lampen sichtbar, die der erschienene Bräutigam in ihrem Wachen findet und einlädt in seine Herrlichkeit. Wachen bedeutet Sehnsucht, Gespanntheit aller Sinne und zuversichtliches Aushalten in der Bedrängnis der Zeit.

Der Sänger Nerses Schnorhali hat diesen Vollzug des sehnsüchtigen Wachens in seinem Hymnus auf die Dreieinigkeit zu einer einmaligen Aussage gebracht:

Du Aufgang meines Lichtes, Sonne der Gerechtigkeit,
scheine in meine Seele.
Du, von Gott her fließend, laß aus meiner Seele fließen
Worte, die dir gefallen.
Dreieinige Einheit, Träger von allem Seienden,
erbarme dich mein!
Mach dich auf, Herr, und hilf!
Wecke mich aus dem Schlummer,
damit ich mit den Engeln wache.
Dein Name, Christus, ist der eines Liebenden.
Erweiche mit deiner Liebe
dies mein Herz, das so steinern ist.
Durch das dir eigene Mitleiden, durch die dir eigene Gnade
laß mich erneut leben.

Retter aller Wesen, eile mich zu retten
aus den Stricken der Sünde.
Reiniger vom Schmutz der Sünde,
reinige mich jetzt, da ich singe,
auf daß ich dich dort drüben preise.[36)]

Die letzte Tafel zeigt inmitten des notvollen Ablaufs der armenischen Geschichte Irdisches und Himmlisches in einem Bild. Ein einziger Augenblick dieser Geschichte, eine kurze Zeit des Friedens wenigstens in einem Landstrich Armeniens, in Zilizien, ist im Königin-Keran-Evangeliar von 1272 bedeutungsvoll herausgehoben (Tafel 32). (Tafel 32)

Am Bildgrund kniet die königliche Familie, König Leo II, Königin Keran und ihre fünf Kinder im siebenfachen Lichtstrahl aus der Höhe erwartungsvoll im Flehgebet. Darüber erscheint in der blauen Aura innerster Gottesherrlichkeit der Menschensohn als der Pantokrator, umgeben von den sich neigenden Gestalten Maria und Johannes, dem Täufer. Alter und Neuer Bund werden in Johannes und Maria zum lauthaften Flehgebet für die Welt vor dem Herrn der Geschichte, der die ganze Schöpfung in unsagbarer Milde heimzurufen scheint in die Herrlichkeit des Vaters.

ANMERKUNGEN

1) Nerses Schnorhali, 1102-1173, Jesus der Sohn I, 241-272; 289-336; Sources chretiennes, 203, übers. Ulrike Wolters, Münster, und: Theol. Quartalschrift 80 (1898), 253. Auszug aus: L. Heiser, Das Glaubenszeugnis der armenischen Kirche, Sophia 22, Trier 1983, 71f.
Das Werk von L. Heiser stellt die derzeitig umfänglichste Einführung in die Denkweise und Glaubenstiefe der armenischen Kirche dar und kann hier nur nachdrücklich empfohlen werden. Da es noch keine Neuübersetzung armenischer Hymnen in deutscher Sprache gibt, wurde auf die älteren, bei Heiser angeführten dankbar zurückgegriffen.

2) Bezalel Narkiss (Herausg.), Armenische Kunst, Stuttgart 1980, 36ff.

3) Nerses Schnorhali, Hymnus zum Fest der Verkündigung. Theol. Quartalschrift 81 (1899), 99; aus: L. Heiser, Glaubenszeugnis, 89f.

4) Weihnachtshymnus der armenischen Kirche; in: Fr. Heyer, Die Kirche Armeniens, Stuttgart 1978, 82; L. Heiser, Glaubenszeugnis, 94.

5) Nerses Schnorhali, Hymnus zum Fest der Geburt Christi, 1. Teil, Theol. Quartalschrift 81 (1899), 91; aus: L. Heiser, Glaubenszeugnis, 94f.

6) Aus: Zwei Eingangslieder am Fest der Darstellung des Herrn. Franz X. Steck, Die Liturgie der katholischen Armenier, Tübingen 1845, 25; bei: L. Heiser, Glaubenszeugnis, 97f.

7) Hymnus zur Taufe Christi; aus: Fr. Heyer, Die Kirche Armeniens, 104; bei: L. Heiser, Glaubenszeugnis, 107.

8) Nerses Schnorhali, Hymnus zum Fest der Geburt Christi, 2. Teil; Theol. Quartalschrift 81 (1899), 91f; bei: L. Heiser, Glaubenszeugnis, 108.

9) Drei Hymnen zum Lazarusfest. Samstag vor Palmsonntag; Ter-Mikaelian, Das armenische Hymnarium, Leipzig 1905, 90ff; bei: L. Heiser, Glaubenszeugnis, 132f.

10) Gründonnerstag. Am Morgen. Stichera zu Psalm 148; aus: Kilian Kirchhoff, Die Ostkirche betet II, Münster 1963, 391f.

11) Idemelon der großen Vesper am Sonntag des Joseph von Arimathäa; aus: Kilian Kirchhoff, Osterjubel der Ostkirche, Münster 1961, 112.

12) Karfreitag. Am Abend. Stichera zu den Psalmversen 92, 1f, 8b; aus: Kilian Kirchhoff, Die Ostkirche betet II, Münster 1963, 428.

13) Osterkanon des Johannes von Damaskus. Sechste Ode. Aus: Kilian Kirchhoff, Osterjubel der Ostkirche, Münster 1961, 21.

14) Eingangslied am Fest der Geburt Christi; aus: Fr. X. Steck, Die Liturgie der katholischen Armenier, Tübingen 1845, 24.

15) Ephräm der Syrer, Hymnen de Nativitate; Nat. 11. 6-8; ed. Beck, CSCO, Scriptores Syri, tom 83, Louvain 1959, 62.

16) Nerses Schnorhali, Hymnus zur Geburt Christi, Theol. Quartalschrift 81 (1899), 92f; bei: L. Heiser, Glaubenszeugnis, 96.

17) Hochfest der Erscheinung des Herrn, 6. Januar. Aposticha, 2. Ton. Aus dem orth. Stundengebet.

18) Verklärung des Herrn. 6. August. Kondakton, 7. Ton. Aus dem orth. Stundengebet.

19) Zwei Eingangslieder zur Liturgie am Lazarusfest. Aus: Fr. X. Steck, Die Liturgie der katholischen Armenier, Tübingen 1845, 26f; bei: L. Heiser, Glaubenszeugnis, 133f.

20) Eingangslied zur Liturgie am Palmsonntag; aus: Fr. X. Steck, Die Liturgie der katholischen Armenier, Tübingen 1845, 27; bei: L. Heiser, Glaubenszeugnis, 144.

21) Nerses Schnorhali, Hymnus zum Palmsonntag; Theol. Quartalschrift 81 (1899), 93; bei: L. Heiser, Glaubenszeugnis, 144f.

22) Gründonnerstag. Am Abend. Ideomelon zum Schluß der Psalmen 140ff. Aus: Kilian Kirchhoff, Die Ostkirche betet II, Münster 1963, 395.

23) Gründonnerstag. Stichera zur Fußwaschung. Aus: Kilian Kirchhoff, Die Ostkirche betet II, Münster 1963, 196.

24) Heilig-Lied am Gründonnerstag; aus: Fr. X. Steck, Die Liturgie der katholischen Armenier, Tübingen 1845, 50; L. Heiser, Glaubenszeugnis, 154.

25) Nerses Schnorhali, Jesus der Sohn I, 601-616. Theol. Quartalschrift 80 (1898), 255f; bei: L. Heiser, Glaubenszeugnis, 154f.

26) Nerses Schnorhali, Jesus der Sohn III, 153-184. Theol. Quartalschrift 80 (1898), 257; bei: L. Heiser, Glaubenszeugnis, 160f.

27) Karfreitag. Am Abend. Stichera zu Psalm 92; aus: Kilian Kirchhoff, Die Ostkirche betet II, Münster 1963, 429.

28) Karsamstag. Stichera zu Psalm 148; aus: Kilian Kirchhoff, Die Ostkirche betet II, Münster 1963, 455f.

29) Nerses Schnorhali, aus dem Hymnus auf die Kreuzigung des Herrn; Theol. Quartalschrift 81 (1899), 93f; bei: L. Heiser, Glaubenszeugnis, 161f.

30) Osterhymnus nach der Messe; aus: Die heilige Meßliturgie nach dem armenischen Ritus, Wien 1948; bei: L. Heiser, Glaubenszeugnis, 166f.

31) Nerses Schnorhali, aus den 4 Hymnen auf das Mysterium der Auferstehung; Theol. Quartalschrift 81 (1899), 95-99; bei: L. Heiser, Glaubenszeugnis, 169ff.

32) 1. Sonntag nach Ostern, Stichera zu den Psalmversen 147, 1 u. 2; aus: Kilian Kirchhoff, Osterjubel der Ostkirche, Münster 1961, 55.

33) Geist-Hymnus bei der Prozession zum Taufbrunnen, N. Thon, Die Ordnung der Taufe in der armenisch-orthodoxen Kirche; in: Der Christliche Osten XXIX, Würzburg 1974, 116-124; bei: L. Heiser, Glaubenszeugnis, 175f.

34) Nerses Schnorhali, Pfingsthymnus, Inni Sacri . . ., Venedig 1973, 111f.; bei: L. Heiser, Glaubenszeugnis 81ff.

35) Gregor von Narek, Parusie-Hymnus, Sources Chretiennes 78, Paris 1961, 100; bei: L. Heiser, Glaubenszeugnis, 189f.

36) Nerses Schnorhali, Hymnus auf die Dreieinigkeit; aus: Nersessian, Das Beispiel eines Heiligen, Stuttgart 1978, 68; bei: L. Heiser, Glaubenszeugnis, 40f.

VERZEICHNIS DER TAFELN IM TEXT

Tafel 1 : Abrahams Opfer; Maria Thronsitz der Weisheit. Zweites Etschmiadzin-Evangeliar, Westarmenien um 1000. Jerusalem, Armen. Patriarchat.

Tafel 2: Verkündigung und Heimsuchung. Evangeliar der Melitene-Gruppe. 1041. Jerusalem, Armen. Patriarchat.

Tafel 3: Weihnacht. Evangeliar der Melitene-Gruppe. 1041. Jerusalem, Armen. Patriarchat.

Tafel 4: Darstellung im Tempel und Taufe im Jordan. Evangeliar der Melitene-Gruppe. 1041. Jerusalem, Armen. Patriarchat.

Tafel 5: Verklärung Christi und Auferweckung des Lazarus. Evangeliar der Melitene-Gruppe. 1041. Jerusalem, Armen. Patriarchat.

Tafel 6: Gefangennahme Jesu. Evangeliar der Melitene-Gruppe. 1041. Jerusalem, Armen. Patriarchat.

Tafel 7: Kreuzigung und Kreuzabnahme Jesu. Evangeliar der Melitene-Gruppe. 1041. Jerusalem, Armen. Patriarchat.

Tafel 8: Grablegung Jesu und Abstieg ins Totenreich. Evangeliar der Melitene-Gruppe. 1041. Jerusalem, Armen. Patriarchat.

Tafel 9: Johannes der Evangelist diktiert sein Evangeliar an den Schreiber Prochoros. Evangeliar der Königin Keran aus Sis in Zilizien. 1272. Jerusalem. Armen. Patriarchat.

Tafel 10: Verkündigung an Maria. Evangeliar der Königin Keran aus Sis in Zilizien. 1272. Jerusalem, Armen. Patriarchat.

Tafel 11: Heimsuchung, Begegnung von Maria und Elisabeth. Vignette aus dem zweiten Prinz-Vasak-Evangeliar. Um 1270, aus Sis in Zilizien. Jerusalem, Armen. Patriarchat.

Tafel 12: Weihnacht. Zweites Prinz-Vasak-Evangeliar. Um 1270, aus Sis in Zilizien. Jerusalem, Armen. Patriarchat.

Tafel 13: Weihnacht im Aufgrünen der Erde. Evangeliar des 14. Jahrhunderts. Jerusalem, Armen. Patriarchat.

Tafel 14: Taufe Jesu im Jordan. Königin-Keran-Evangeliar von 1272, aus Sis in Zilizien. Jerusalem, Armen. Patriarchat.

Tafel 15: Taufe Jesu im Jordan. Evangeliar des 14. Jahrhunderts. Jerusalem, Armen. Patriarchat.

Tafel 16: Verklärung Christi auf Tabor. Königin-Keran-Evangeliar von 1272, aus Sis in Zilizien. Jerusalem, Armen. Patriarchat.

Tafel 17: Auferweckung des Lazarus. Königin-Keran-Evangeliar von 1272, aus Sis in Zilizien. Jerusalem, Armen. Patriarchat.

Tafel 18: Einzug Jesu in Jerusalem. Evangeliar der Königin Mariun, von den Schreibern Nerses und Sargis Pidzak. 1346. Jerusalem, Armen. Patriarchat.

Tafel 19: Abendmahl. Evangeliar der Königin Keran von 1272, aus Sis in Zilizien. Jerusalem, Armen. Patriarchat.

Tafel 20: Fußwaschung. Evangeliar der Königin Keran von 1272, aus Sis in Zilizien. Jerusalem, Armen. Patriarchat.

Tafel 21: Apostelkommunion. Evangeliar des 14. Jahrhunderts. Jerusalem, Armen. Patriarchat.

Tafel 22: Kreuzigung Jesu. Evangeliar der Prinzessin Keran. 1265. Aus Zilizien. Jerusalem, Armen. Patriarchat.

Tafel 23: Kreuzabnahme Jesu. Evangeliar der Prinzessin Keran. 1265. Aus Zilizien. Jerusalem, Armen. Patriarchat.

Tafel 24: Grablegung Jesu. Evangeliar der Königin Mariun, von den Schreibern Nerses und Sargis Pidzak. 1346. Jerusalem, Armen. Patriarchat.

Tafel 25: Totenfahrt Jesu. Evangeliar der Prinzession Keran. 1265. Aus Zilizien. Jerusalem, Armen. Patriarchat.

Tafel 26: Osterengel und Frauen am Grabe. Zweites Prinz-Vasak-Evangeliar, um 1270, aus Sis in Zilizien. Jerusalem, Armen. Patriarchat.

Tafel 27: Begegnung des Auferstandenen mit dem Apostel Thomas. Zweites Prinz-Vasak-Evangeliar, um 1270, aus Sis in Zilizien. Jerusalem, Armen. Patriarchat.

Tafel 28: Himmelfahrt Christi. Evangeliar des 14. Jahrhunderts. Jerusalem, Armen. Patriarchat.

Tafel 29: Pfingsten. Evangeliar des 17. Jahrhunderts. Jerusalem, Armen. Patriarchat.

Tafel 30: Johannes schaut den wiederkehrenden Christus. Evangeliar des 17. Jahrhunderts. Jerusalem, Armen. Patriarchat.

Tafel 31: Die klugen und die törichten Jungfrauen. Evangeliar des 17. Jahrhunderts. Jerusalem, Armen. Patriarchat.

Tafel 32: König Leo II. und Königin Keran knien mit ihren Söhnen und Töchtern vor dem thronenden Christus. Evangeliar der Königin Keran von 1272, aus Sis in Zilizien. Jerusalem, Armen. Patriarchat.

Alle Fotos wurden von Wilhelm Nyssen in Jerusalem aufgenommen.

Schriftenreihe des Zentrums Patristischer Spiritualität
KOINONIA – ORIENS

Herausgegeben von Wilhelm Nyssen

I	Wilhelm Nyssen Die Erneuerung der westlichen Welt aus dem Geist der Väter (1979), 42 S.	9,80 DM
II	Wilhelm Nyssen Geistliche Freundschaft (1979), 36 S.	9,80 DM
III	Dumitru Staniloae Die Eucharistie als Quelle des geistlichen Lebens (1979), 29 S.	9,80 DM
IV	Hans-Joachim Schulz In deinem Lichte schauen wir das Licht . . . – zur Meditation frühchristlich-ostkirchlicher Tagzeitensymbolik – (1980), 48 S.	9,80 DM
V	Wilhelm Nyssen Die Bildsprache des frühen Irland (1981), 35 S., 15 Tafeln	9,80 DM
VI	Wilhelm Nyssen Der siebenarmige Leuchter des Bildhauers Josef Rikus (1981), 32 S., 18 Tafeln	12,80 DM
VII	Hildegard Gelius-Everding Öffne das düstere Tor Farbholzschnitte zu Gedichten von Konrad Weiß, eingeleitet von Wilhelm Nyssen (1982), 48 S., 8 Tafeln	12,80 DM
VIII	Wilhelm Nyssen Die Kirche des Bildhauers Josef Rikus in der Hochschulgemeinde Köln (1983), 30 S., 15 Tafeln	9,80 DM
IX	Wilhelm Nyssen Und ganz aus Echo lebend ist mein Leben – Zum 100. Geburtstag des Dichters Konrad Weiß – (1983) Mit Beiträgen von Walter Berschin, Heidelberg; Friedhelm Kemp, München; Ludo Verbeeck, Löwen; Wilhelm Nyssen, Köln, 97 S.	12,80 DM
X	Wilhelm Nyssen Die Flamme des Heils – Fresken der orthodoxen Kirche St. Johannes des Täufers in Ferentari bei Bukarest – (1983), 100 S., 18 Tafeln	19,80 DM

XI	Wilhelm Nyssen Vom Sinn der Wegnahme – Ansprache zur Eröffnung der Ausstellung des Bildhauers Josef Rikus anläßlich seines 60. Geburtstages am 5. März 1983 in Paderborn – (1983), 36 S., 16 Tafeln	12,80 DM
XII	Gabriel Bunge AKEDIA – Die geistliche Lehre des Evagrios Pontikos vom Überdruß – (1983), 118 S.	19,80 DM
XIII	Wilhelm Nyssen Jerusalem – Ursprung der Bilder des Heils – Über die Eindringlichkeit des Glaubens im frühen Bild des orthodoxen und morgenländischen Christentums – (1984), 114 S., 36 Tafeln	19,80 DM
XIV	Wilhelm Nyssen Weihnacht im Aufgrünen der Erde – Zu einem frühen armenischen Weihnachtsbild (1984), 18 S., 1 Tafel	9,80 DM
XV	Wilhelm Nyssen Kreuzigung und Verklärung – Zusammenspiel von Ost und West (1985), 22 S., 2 Tafeln	9,80 DM
XVI	Erzbischof Lutfi Laham Hoffnung auf eine Ökumene in Jerusalem (1985), 26 S.	9,80 DM
XVII	Wilhelm Nyssen Gewand und Gerät in der östlichen Liturgie (1985), 22 S.	9,80 DM
XVIII	Walter Berschin Os meum aperui – Die Selbstbiographie des Abtes Rupert von Deutz, 66 S.	16,80 DM
XIX	Wilhelm Nyssen Echo des Heils in der Landschaft der Seele – Die Ausmalung der Trapeza im ostkirchlichen Institut Regensburg, 79 S., 20 Tafeln	19,80 DM

Wilhelm Nyssen · Armenische Miniaturen I 16 farbige Postkarten von armenischen Handschriften aus Jerusalem	15,00 DM
Wilhelm Nyssen · Armenische Miniaturen II 20 farbige Postkarten aus den königlichen Handschriften Armeniens aus Jerusalem	20,00 DM
Wilhelm Nyssen · Armenische Kacheln 16 farbige Postkarten aus der Etschmiadzin-Kapelle des armenischen Patriarchats in Jerusalem	15,00 DM